ANSELM GRÜN

SCHÖNHEIT

ANSELM GRÜN

SCHÖNHEIT

EINE NEUE SPIRITUALITÄT
DER LEBENSFREUDE

Vier-Türme-Verlag

Bibliographische Information der Deutschen Nationalbibliothek

Die Deutsche Nationalbibliothek verzeichnet diese Publikation in der Deutschen Nationalbibliographie. Detaillierte bibliographische Daten sind im Internet über http://dnb.d-nb.de abrufbar.

2. Auflage 2015
© Vier-Türme GmbH, Verlag, Münsterschwarzach 2014
Alle Rechte vorbehalten

Lektorat: Dr. Ulrike Strerath-Bolz
Umschlaggestaltung: Thomas Uhlig, www.coverdesign.net
Umschlagfoto: ZenShui by PhotoAlto, Odilon Dimier/f1online.de
Druck und Bindung: Pustet, Regensburg
ISBN 978-3-89680-871-4

www.vier-tuerme-verlag.de

EINLEITUNG

Zwei Aspekte haben meine Spiritualität bisher geprägt: Da war einmal der Aspekt, dass Gottesbegegnung immer auch Selbstbegegnung voraussetzt. Oft habe ich – in der Nachfolge der frühen Mönche – darüber geschrieben, wie man die eigenen Gefühle, Gedanken, Leidenschaften und Emotionen beobachtet und sie im Gebet Gott hinhält, damit sie verwandelt werden.

Der andere Aspekt war die therapeutische Dimension der Spiritualität. Jesus hat seine Jünger ausgesandt, um Kranke zu heilen und Dämonen auszutreiben. So habe ich die heilende Kraft biblischer Texte, kirchlicher Rituale und spiritueller Übungen meditiert und beschrieben. Mir war es wichtig, dass in meinen Büchern etwas von dieser heilenden Kraft Jesu spürbar wird.

Über das Thema Schönheit habe ich noch nie geschrieben. Vielleicht wundern sich Leserinnen und Leser darüber, dass ich mich nun mit diesem Thema beschäftige. Zunächst war die Beschäftigung eher zufällig. Ich sollte eine Fastenpredigt halten mit dem Thema »Schönheit und der Charme des Glaubens«. Bei der Vorbereitung dieser Predigt ist mir aufgegangen, wie heilsam dieses Thema für mich selbst ist und wie sehr es meine Spiritualität bereichert. Denn wenn ich über Schönheit nachdenke und Schönes bestaune, so entspricht das der kontemplativen und mystischen Spiritualität. Ich schaue das an, was ist. Ich lasse mich berühren von dem Schönen, das mir in der Natur, in der Kunst und im

Menschen begegnet. Ich empfange das Schöne, das mir vorgegeben ist. Und in diesem Schönen erahne ich die Urschönheit Gottes, von der die Mystiker schreiben.

Es ist also eine Spiritualität, in der die Gnade im Mittelpunkt steht und nicht das eigene Tun. Ich nehme das Schöne wahr, und ich spüre, wie es mir guttut, wie heilend es auf mich wirkt. Die Beschäftigung mit dem Schönen entspricht also auch meiner therapeutischen Spiritualität. Das Schöne, das ich bestaune, von dem ich mich ergreifen lasse, bringt mich in Berührung mit meiner eigenen Schönheit, mit der Schönheit auf dem Grund meiner Seele.

Aber das Schöne bringt noch einen anderen Zug in meine Spiritualität. Es ist eine empfangende Spiritualität und eine optimistische Spiritualität. Sie klingt nicht nach Arbeit wie etwa die asketische Spiritualität. Sie lässt sich vom Schönen überraschen. Allerdings verlangt auch diese Spiritualität unser Tun. Denn es braucht Achtsamkeit, um das Schöne wahrzunehmen. Und es bedarf unserer Ehrfurcht. Ohne Ehrfurcht verbirgt sich das Schöne vor unseren Blicken. Die Spiritualität der Schönheit ersetzt auch nicht die anderen Formen der Spiritualität. Aber sie ergänzt sie und gibt ihnen einen Geschmack von Freude und Liebe. Denn wie Thomas von Aquin sagt:

Pulchra sunt quae visa placent.
Schön ist das, was als Erschautes gefällt.

Das Schöne gefällt, erfreut. Und das Schöne ruft Liebe hervor. Aber das Schöne ist nicht ein moralischer Appell, dass wir einander lieben sollen. Es weckt vielmehr die zweckfreie, noch nicht auf irgendein »Objekt« gerichtete Liebe in uns. Im Schönen – so lesen wir bei Simone Weil – begegnet uns das zärtliche Lächeln Jesu.

Aber wir bestaunen und bewundern nicht nur das Schöne, das uns von außen begegnet und in dem uns letztlich Gottes Urschönheit anlächelt. Wir können auch Schönes herstellen. Wir können den Tisch schön decken, das Zimmer für unsere Gespräche schön herrichten, uns schön anziehen und im Handwerk oder in der Kunst schöne Dinge schaffen. Wir können das Leben schöner machen. Wir begegnen nicht nur der schönen Schöpfung. Wir sind auch selber Schöpfer des Schönen. Wir können diese Welt schön machen, in ihr eine Spur der Schönheit eingraben. Und damit können wir einen wesentlichen Beitrag leisten zur Humanisierung der Welt, aber auch zur gesundheitlichen Vorsorge für die Menschen. Denn das Schöne bringt den Menschen in Berührung mit dem Heilen und Schönen in seiner Seele. Das Schöne ist heilsam für unsere Seele.

Bei dieser Beschäftigung mit dem Schönen hat mich ein Wort von Dostojewski besonders berührt:

Schönheit wird die Welt retten.

Dieses Wort ist mir begegnet in einem Buch über Dostojewski, das die litauische Autorin Zenta Maurina vor dem Zweiten Weltkrieg verfasst hat. Darin hat sie ein eigenes Kapitel über die Schönheit bei Dostojewski geschrieben. Dieses Wort hat mich bei der Lektüre vieler Bücher, aber auch im eigenen Suchen nach dem Sinn und der spirituellen Bedeutung der Schönheit begleitet. Ich habe mich immer wieder gefragt, wie das Schöne auf mich wirkt, was es mit meiner Seele und mit meinem Leib macht. Und ich habe festgestellt, dass das Schöne wie ein Zufluchtsort der Seele ist, an dem sie mitten in den Turbulenzen dieses Lebens ausruhen kann.

Wenn ich über das Schöne schreibe, dann möchte ich nicht in Ästhetizismus flüchten. Ich möchte das Schöne mitten in der Realität dieser Welt anschauen. Für mich ist die Hinwendung zum Schönen eine Rückgewinnung des Trostes in unserer irdischen Existenz mit all den Bedrohungen und Gefährdungen, denen wir ausgesetzt sind. Gerade wenn ich mich ganz der Arbeit an dieser Welt verschreibe, brauche ich das Schöne als Zufluchtsort der Seele und als Trost mitten in all der Trostlosigkeit, der ich in den Gesprächen mit Menschen manchmal begegne.

Beim Schreiben dieses Buches war ich immer offen für alles, was mir an Schönem begegnete, aber auch für das, was andere Autoren über das Schöne geschrieben haben. Dabei habe ich festgestellt, dass ich selbst dieses Thema bisher vernachlässigt habe. Auch in der christlichen Spiritualität steht dieses Thema nicht im Mittelpunkt. Es gibt zwar einige Theologen, die darüber geschrieben haben, etwa Hans Urs von Balthasar in seinem großen Werk *Herrlichkeit*. Aber seine Sprache vermag nicht die vielen suchenden Menschen für das Schöne zu begeistern. Es ist eine theologische Sprache, die nur gebildete Theologen letztlich verstehen. Karl Rahner, über den ich promoviert habe und den ich als Theologen sehr schätze, hat nichts über die Schönheit geschrieben. Das Thema war außerhalb seines Horizontes, so wie es lange auch außerhalb meines eigenen Denkens war. Es gibt einige evangelische Theologen, die über das Schöne geschrieben haben: Rudolf Bohren, Karl Barth und Matthias Zeindler. Aber in ihren Schriften vermisse ich die optimistische Sicht, mit der etwa die Philosophen der Antike und die Theologen des Mittelalters auf das Schöne blickten. Die evangelischen Theologen sind sehr stark auf die Schuld fixiert, die unsere Beziehung zum Schönen verfälscht.

Wenn ich mich mit einem Thema beschäftige, bin ich immer sensibel, wenn das Thema im Gespräch aufscheint oder wenn ich in Zeitungen oder Zeitschriften etwas dazu lese. Sobald ich auf die Frage, worüber ich gerade schreibe, antwortete, es ginge um die Schönheit, ergab sich immer ein lebhaftes Gespräch. Und ich spürte, dass es ein Thema ist, das viele bewegt, und zwar auf unterschiedlicher Ebene. Für manche, die sonst eher Probleme mit der Kirche oder mit dem christlichen Glauben haben, ist das Schöne der Ort, an dem sie Gott erfahren oder zumindest offen sind für die Spur, die Gott in die Welt eingegraben hat. So ist das Schöne heute in unserer säkularisierten Welt der Ort, an dem wir uns über Glauben und Unglauben unterhalten können. Für viele kann es ein weltlicher Zugang zur Spiritualität sein. Andere haben sich schon theologisch und philosophisch mit dem Thema auseinandergesetzt. Ich war erstaunt, wie viele sich mit diesem Thema schon gedanklich beschäftigt haben. Wieder andere bewegt das Thema Schönheit in Bezug auf das eigene Aussehen. Und sie erzählen mir, welche Erfahrungen sie in ihrem Bekanntenkreis mit dem Streben nach Schönheit gemacht haben, wie die Sehnsucht nach Schönheit da oft zu krankhaften Verhaltensweisen führt.

Bei meiner Suche fand ich im Magazin der Barmer Ersatzkasse einen Artikel mit dem Thema »Was ist schön?«. Da geht es einmal um die Sehnsucht der Menschen, schön zu sein, und um die verschiedenen Schönheitsideale. Vor allem aber geht es um das Thema, das die Krankenkasse interessiert: die zahlreichen Schönheitsoperationen, zu denen die Sehnsucht nach Schönheit heute viele drängt.

Viele Menschen sind heute der Meinung, Schönheit sei machbar. Männer und Frauen wollen einem ganz bestimmten Schönheitsideal entsprechen. Ärzte und Psychologen stellen fest, dass heute immer mehr Menschen unzufrieden sind mit ihrem Körper. Der Grund ist, dass Medien und natürlich auch Kosmetikfirmen und die Schönheitschirurgie das Schönheitsideal so eng fassen, *dass kaum jemand von Natur aus optisch optimal und formvollendet hineinpasst.*

Viele meinen, die äußere Erscheinung entscheide über Erfolg im Beruf und bei der Partnersuche, über Anerkennung in der Gesellschaft. Und so gehen viele Männer und Frauen aggressiv mit ihrem Körper um, ohne dass sie die Risiken einer Schönheitsoperation bedenken. Und viele sind nach der Operation unzufrieden, weil das Ergebnis doch nicht so ist, wie sie es sich erwartet haben.

Das gilt vor allem für Eingriffe im Gesicht. Das Gesicht wird durch eine Operation oft maskenhaft starr. Und so ein starres Gesicht wird vom sozialen Umfeld nicht als attraktiv wahrgenommen. Das schöne Gesicht lebt, es zeigt Emotionen, Reaktionen und Stimmungen. Und so erreichen Schönheitsoperationen oft gerade das Gegenteil von dem, was erwartet wurde. Sie führen nicht zu mehr Annahme, sondern zu Ablehnung. Eine fast tragische Situation.

Der Artikel im Gesundheitsmagazin der Krankenkasse zeigt, wie stark heute die Sehnsucht nach Schönheit ist. Aber zugleich wird darin sichtbar, dass man Schönheit allzu sehr mit äußerem Aussehen verbindet, mit klaren Maßstäben, wie ein schöner Körper auszusehen hat. Schönheit ist jedoch mehr als die äußere Erscheinung. Ein Körper ist schön, wenn sich eine schöne Seele darin ausdrückt. Und letztlich ist ein Mensch schön, wenn er sich liebevoll anschaut. Denn das Wort »schön« hängt auch mit dem Wort »schauen« zusammen. Schönheit hat immer auch mit Liebe zu tun. Nur wer sich selbst liebevoll anschaut, ist schön. Wer sich selber hasst, ist hässlich.

Das gilt auch für die Beziehung zu anderen: Wer andere hasst, macht sie hässlich und wird selber dabei hässlich. Und wer andere liebevoll anschaut, der entdeckt ihre Schönheit. Die Schönheit ist im anderen. Aber sie braucht auch eine Bereitschaft von unserer Seite, diese Schönheit wahrzunehmen. Und die eigentliche Bedingung, um Schönheit im anderen wahrzunehmen, ist die Liebe, der liebevolle Blick auf ihn.

In diesem Buch möchte ich Sie, liebe Leserin, lieber Leser, mitnehmen auf meine eigene Entdeckungsreise. Und ich wünsche Ihnen, dass Sie das Schöne, das Sie ja immer schon wahrnehmen und dem Sie immer schon begegnet sind, noch bewusster wahrnehmen. Ich wünsche Ihnen, dass die Beschäftigung mit dem Schönen für Sie ein spiritueller Weg wird. Denn im Schönen begegnen wir letztlich der Schönheit Gottes. Im Schönen spricht uns Gott an, der nach Vollendung seiner Schöpfung gesagt hat:

Es war alles sehr schön.
GENESIS 1,31

Oft wird dieses Wort so übersetzt: »Es war alles sehr gut.« Doch das hebräische Wort »tob« kann auch »schön« bedeuten. Und die Griechen haben es mit »kalos« (schön) übersetzt. So wünsche ich Ihnen, dass Sie sich im Schönen von Gott selbst berühren lassen. Im Schönen berührt uns immer schon ein Gott, der Liebe ist. Aber Schönheit kann auch erschrecken. Es ist ein Gott, der uns erschüttert, der uns durch das Schöne bis ins Mark trifft und aufbricht für etwas, das größer ist als wir, das uns über uns hinausführt. So ist das Schöne ein Ort der Gotteserfahrung, aber zugleich ein Ort der Ermutigung zum Leben, ein Ort des Trostes und der Heilung unserer Wunden.

DAS SCHÖNE BEI DOSTOJEWSKI

Bei meiner Beschäftigung mit dem Thema der Schönheit hat mich vor allem das Wort des russischen Dichters Dostojewski berührt: »*Schönheit wird die Welt retten.*« So möchte ich mich in diesem ersten Kapitel bewusst mit Dostojewski und seiner Sicht des Schönen beschäftigen. Von Dostojewski wird erzählt, dass er einmal im Jahr nach Dresden reiste, um vor dem Bild der Sixtinischen Madonna zu verweilen. Auf die Frage, warum er das tue, sagte der Dichter:

Ich muss wenigstens einmal im Jahr zu einem Menschen aufschauen können, um nicht an mir selbst und an anderen Menschen zu verzweifeln.

Die Madonna anzuschauen, die Rafael als schöne Frau gemalt hat, war für den Dichter heilsam. Die Schönheit Mariens in sich eindringen zu lassen war für ihn ein großes Bedürfnis. Denn die Beschäftigung mit der schönen Frau ermöglichte es ihm, sich selbst anzunehmen und nicht an seiner eigenen Brüchigkeit zu verzweifeln. Und das Schöne in Maria gab ihm Vertrauen auch in die Menschen.

Dostojewski ist in seinem Leben sehr vielen bösen und destruktiven Menschen begegnet, und er hat sie in seinen Romanen auch in ihrer Abgründigkeit und Verzweiflung beschrieben. Das Schöne in sich aufzunehmen verwandelt seinen Blick auf diese »bösen« Menschen. Er sah auch in ihnen noch das Schöne, das auf dem Grund ihrer Seele existierte. Durch das Schöne schöpfte er Hoffnung, dass auch diese Menschen sich vom Schönen berühren lassen und so das Böse in sich überwinden.

Das Thema der Schönheit erscheint bei Dostojewski vor allem in seinem Roman *Der Idiot*. Heinrich Böll nennt diesen Roman den besten Christusroman, den er kennt. In dem kranken Fürsten Myschkin erscheint etwas von der Reinheit und Schönheit Christi unter den Menschen. Das Tragische ist, dass diese innere Klarheit in unserer Zeit – so meint Dostojewski – gerade in der Gestalt eines kranken Menschen aufstrahlt. In diesem Roman erzählt der russische Dichter vom Gespräch zwischen dem Atheisten Hippolyt und dem Fürsten Myschkin. Hippolyt sagt zum Fürsten:

> »Haben Sie wirklich einmal behauptet, Fürst, die Welt würde durch die Schönheit erlöst werden? Doch ich meine, er hat nur deshalb solche leichtfertigen Gedanken, weil er verliebt ist. Meine Herrschaften«, wandte er sich mit lauter Stimme an alle, »der Fürst ist verliebt. Schon bei seinem Kommen habe ich das gesehen. Werden Sie nicht rot, Fürst, Sie würden mir leid tun. Welche Schönheit wird die Welt erlösen? ... Sind Sie ein eifriger Christ?«
>
> DER IDIOT, II 70

Der Fürst antwortet auf diese Frage nicht. Der italienische Jesuit und Kardinal Carlo Maria Martini, der diese Stelle in seinem Buch *Welche Schönheit rettet die Welt?* anführt und meditiert, deutet das Schweigen so:

Fast hat es den Anschein, als wolle sein Schweigen sagen: Die Schön-heit, die die Welt erlöst, ist die Liebe, die den Schmerz teilt.
....

MARTINI 10

Trotz des Spottes, der in den Worten Hippolyts liegt, rührt er an ein wichtiges Thema: einmal an die rettende, heilende und er-lösende Wirkung der Schönheit und zum anderen an zwei Be-dingungen, um an die heilende Wirkung der Schönheit zu glau-ben: an die Liebe und an das Christsein. Nur wer liebt, entdeckt im menschlichen Antlitz und in der Natur das Schöne. Und es braucht gerade die christliche Spiritualität, die ja an die Inkarna-tion Gottes glaubt.

Das Schöne ist eine Inkarnation Gottes. Da wird Gott sichtbar in der Materie, in der Welt. Die Fleischwerdung Gottes in Jesus Christus ist gleichsam der Höhepunkt der Inkarnation. Im Men-schen Jesus – so sagt uns das Johannesevangelium – schauen wir die Herrlichkeit, die Schönheit Gottes. Sie wird sichtbar. Aber von Christus aus fällt auch das Licht der Schönheit auf alles Schö-ne, das wir in den Menschen und in der Natur schauen dürfen.

Mich hat dieses Wort »Schönheit wird die Welt erlösen. Schön-heit wird die Welt retten« nicht mehr losgelassen. Ich habe Dos-tojewski von Neuem gelesen und Bücher über ihn gelesen, vor al-lem die von Romano Guardini und von Zenta Maurina. Und ich habe über die Schönheit nachgedacht, die die Welt retten soll. Schönheit, das ist für Dostojewski das Gegenteil von Nützlich-keit. Das Schöne ist einfach da. Wenn alles der Nützlichkeit un-terworfen wird, dann wird der Mensch seiner Würde beraubt. Ohne Schönheit – so sagt Dostojewski – versinkt der Mensch in Schwermut. Und er versteht die erlösende Tat Jesu so, dass er die Schönheit in die Seelen der Menschen verpflanzt:

Da Christus in sich und in seinem Wort das Ideal der Schönheit trug,
beschloss er, es in die Seelen der Menschen zu verpflanzen, überzeugt,
dass die Menschen mit diesem Ideal in der Seele untereinander Brüder
werden.

MAURINA 281

Es ist interessant, dass hier überhaupt nicht von einer moralischen Forderung die Rede ist, die Nächsten zu lieben. Indem wir uns von Jesus den Sinn für das Schöne in unser Herz pflanzen lassen, werden wir alle Brüder und Schwestern. So wird unser Miteinander sich wandeln. Das Schöne weckt in uns die Liebe zu den Brüdern und Schwestern.

Ich mache manchmal bei Kursen die Übung, dass zwei Menschen sich gegenüberstehen. Der eine macht die Augen zu. Der andere schaut ihn an mit Augen des Glaubens, die nicht bewerten, nicht vereinnahmen, nicht beurteilen, sondern im anderen das Schöne sehen. Diese Übung macht die beiden, die sich abwechselnd unter dem Aspekt der Schönheit anschauen, wirklich zu Brüdern und Schwestern. Wenn ich auf das Schöne im anderen sehe, kommt er mir innerlich nahe.

Dostojewski zitiert bei seinen Ausführungen über das Schöne das Wort Jesu: »Der Mensch lebt nicht vom Brot allein.« Und er folgert daraus:

Gibt man ihnen nur Brot, so werden sie vor Langeweile die schlimms
ten Feinde werden.

MAURINA 281

Das, was die Menschen wahrhaft nährt und sie zu Menschen macht, ist das Schöne. Das Schöne ist für den russischen Dichter aber nie nur ein ästhetischer Begriff. Vielmehr schließt Schönheit immer auch das Gute mit ein. Es hat eine ethische und religiöse Dimension.

Als im Umfeld Dostojewskis eine Hebamme Selbstmord begeht, sieht er in einem Brief vom 10. Juni 1876 die Ursache darin, dass man ihr eine reine Nützlichkeit gepredigt habe. Dostojewski glaubt,

> diese Frau hätte sich nach der Schönheit in der Welt und nach Menschen gesehnt, sie hätte danach gedürstet, eine Edeltat zu vollbringen.
>
> MAURINA 281

Doch man hat ihr diese Sichtweise ausgetrieben. Wenn es keinen Edelmut gibt, dann gibt es auch keinen Sinn zu leben. So schreibt Dostojewski:

> Der Selbstmord dieser Hebamme ist ein Beweis für den geistigen Ursprung des Menschen. Nur vom Brot allein kann man nicht leben, ohne Schönheit kann man nicht existieren.
>
> MAURINA 282

Dostojewski will uns nicht in eine heile Welt des Schönen hineinführen. Er wusste um die Spannung zwischen unserer Sehnsucht nach Schönheit und der Zerrissenheit unseres Lebens, das wir oft gar nicht schön nennen können. Denn er lässt dieses Wort den kranken Fürsten Myschkin verkünden. Die Schönheit seiner Seele und seines Leibes verbirgt sich hinter einer Krankheit.

Schön sind für Dostojewski

> nicht die ruhigen, ausgeglichenen Gesichter, sondern jene, in denen Gott und Teufel ringen und die gegensätzlichen Ufer sich berühren. Schön sind jene Menschen, die sich in Sehnsucht nach dem Guten

verzehren, selbst dann, wenn sie der Sünde anheimgefallen sind. Je heftiger diese Sehnsucht ist, umso schöner das menschliche Antlitz.

MAURINA 283

Das wird deutlich im Gesicht der Nastassja Philippowna, das den Fürsten so fasziniert. Er sieht die Schönheit in diesem Gesicht. Und zugleich erkennt er, dass sie unglaublich gelitten haben muss. Er erkennt darin ein stolzes Gesicht. Und der Fürst fragt sich:

Nur weiß ich nicht, ob sie auch gut ist. Ach, wenn sie es doch wäre! Dann wäre alles gerettet!

DER IDIOT, II 66

Dann schreibt Dostojewski von diesem Gesicht:

Seine blendende Schönheit war unerträglich, diese Schönheit des bleichen Gesichtes mit den fast eingefallenen Wangen und den brennenden Augen. Eine eigenartige Schönheit war es. Der Fürst konnte den Blick nicht losreißen von diesem Bild. Plötzlich jedoch zuckte er zusammen, sah sich um, führte dann schnell das Bild an die Lippen und küsste es.

IDIOT, II 155f

Der Fürst küsst dieses Bild, weil er voller Mitleid ist mit der Zerrissenheit und dem Unglück dieser Frau. Die Schönheit zeigt ihm zugleich die Gefährdung dieser Frau. Von der Schönheit der Aglaja Iwanowna, einer anderen wichtigen Frau in diesem Roman, sagt der Fürst:

Sie sind eine außerordentliche Schönheit ... Sie sind so schön, dass man Angst hat, Sie anzusehen.

Und später:

Eine Schönheit ist schwer zu beurteilen. Ich habe mich nicht darauf vorbereitet. Schönheit ist ein Rätsel.

IDIOT, II 150

Guardini interpretiert diese Sätze so:

Schönheit ist die Weise, wie das Sein für das Herz Angesicht gewinnt und redend wird. In ihr wird das Sein liebesgewaltig, und dadurch, dass es Herz und Blut berührt, berührt es den Geist. Darum ist die Schönheit so stark. Sie thront und herrscht, mühelos und erschütternd. Nachdem aber die Sünde da ist, hat sie Macht der Verführung. Sie scheint zu übermächtigen wie im Spiel, weil das Bild des schönen Seins unmittelbar das Innerste berührt und entzündet.

GUARDINI, RELIGIÖSE GESTALTEN 280

So ist die Schönheit immer ambivalent. Sie erschüttert den Menschen, sie zieht ihn in ihren Bann. Manchmal ist es die Schönheit, die das Gute widerspiegelt. Aber es gibt auch die verführerische Schönheit, die Macht über uns gewinnt, uns aber nicht zum Guten führt, sondern in das Verderben. Die Schönheit ist und bleibt ein Rätsel. Und nur in diese Rätselhaftigkeit hinein kann man das Wort sprechen: »Schönheit wird die Welt retten.« Nur die Schönheit, die das Gute widerspiegelt, die rein und klar ist, vermag uns zu retten. Aber auch in der Schönheit des Stolzen und des Zerrissenen blitzt ein Funke der Hoffnung auf, dass dieser Mensch einen guten Kern hat, dass er gerettet werden kann.

Gerade diese Spannung zwischen Zerrissenheit und Schönheit, die mir bei Dostojewski begegnet, hat mich bewegt, etwas über die rettende und heilende Wirkung der Schönheit in einer oftmals unschönen Welt zu schreiben. Ich habe gespürt, da wird etwas Wesentliches über unsere christliche Spiritualität gesagt, das ich selbst noch kaum bedacht habe, über das ich auch in Büchern sehr wenig lese. Es ist eine heilende und heilsame Spiritualität, die frei ist von moralisierenden Tendenzen. Sie ist nicht fixiert auf das Böse und auf die Sünde, sondern auf die Grundtatsache einer schönen Schöpfung.

Die Schönheit der Schöpfung wahrzunehmen, wie sie uns in der Natur begegnet, vor einer schönen Blume einfach stehen zu bleiben – wie es der katholische Alttestamentler Fridolin Stier immer wieder getan hat –, das ist ein wesentlicher Aspekt christlicher Spiritualität. Schönheit tut uns gut. Die Schönheit Gottes leuchtet uns täglich in der Schöpfung auf. Daher ist die Schöpfung mit ihrer Schönheit ein wichtiges Heilmittel für die menschliche Seele. Aber der Kolosserbrief sagt uns, dass wir in der Schöpfung Jesus Christus und seiner Schönheit begegnen. Er ist

das Ebenbild des unsichtbaren Gottes,
der Erstgeborene der ganzen Schöpfung.
KOLOSSER 1,15

Die Spannung zwischen dem Schönen und Schrecklichen und das Aufscheinen der Schönheit gerade in einem kranken Menschen, das Dostojewski in seinem Roman *Der Idiot* so eindrucksvoll beschrieben hat, finde ich im Johannesevangelium wieder. Das Johannesevangelium spricht davon, dass uns Gottes Herrlichkeit und Glanz in Jesus Christus aufgeleuchtet ist. In Jesus schauen wir die wahre Schönheit, die in Gott verborgen ist. Aber wenn wir von der Schönheit Jesu sprechen, müssen wir uns immer auch der Spannung bewusst sein, in der die christliche Tradition Jesus gesehen hat. Die liturgische Tradition der Kirche hat diese beiden Sätze aus dem Alten Testament auf Jesus hin gedeutet:

Du bist der Schönste unter den Menschen,
Anmut ist ausgegossen über deine Lippen.

PSALM 45,3

Er hatte keine schöne und edle Gestalt,
so dass wir ihn anschauen mochten.

JESAJA 53,2

Dostojewski versteht diese Spannung so, dass die Schönheit in dem kranken Fürsten aufleuchtet, der für ihn ein Bild für Jesus ist. Es ist also keine perfekte Schönheit, die keine Schwäche und Krankheit kennt, sondern eine Krankheit, die gerade in der Niedrigkeit und Brüchigkeit unserer menschlichen Existenz aufleuchtet.

Die Evangelien selbst zitieren dieses zweite Wort aus Jesaja 53 nie. Matthäus zitiert zwar einen anderen Vers aus Jesaja 53, als er von der Heilung vieler Kranker durch Jesus spricht:

Dadurch sollte sich erfüllen, was durch den Propheten Jesaja gesagt
worden ist: Er hat unsere Leiden auf sich genommen und unsere Krank-
heiten getragen.

MATTHÄUS 8,17

Und auch sonst wird Jesaja 53 immer wieder im Neuen Testament zitiert, aber nie der Vers Jesaja 53,2. Offensichtlich haben die Evangelisten trotz des grausamen Todes Jesu am Kreuz in ihm immer den schönen Menschen gesehen.

Die frühe Kirche ist ihnen in dieser Sicht gefolgt. So sagt Clemens von Alexandrien:

Unser Erlöser ist schön, damit er von denen geliebt wird, die wahre
Schönheit begehren, denn er war das »wahre Licht«.

GESTRICH 129

Die Schönheit Jesu macht ihn für die Menschen anziehend. Clemens hat damals für die gebildeten Griechen geschrieben, die einen besonderen Sinn für Schönheit hatten. So zeigt er uns auch heute einen Weg, für die suchenden Menschen ein Christusbild zu zeichnen, das ihrer Sehnsucht nach Schönheit entspricht, ohne dass es die Passion und das Kreuz Jesu ausklammert.

Im Johannesevangelium wird das Paradox deutlich, dass Gottes Schönheit gerade in der Hinfälligkeit und Schwachheit des Fleisches erscheint. Bei Johannes geschieht die Verherrlichung Jesu gerade am Kreuz, an einem Ort, den die Zeitgenossen Jesu eher mit Schmach und Grausamkeit verbinden. Diese Spannung soll uns davor bewahren, uns in eine Welt der Ästhetik zu flüchten. Wir sollen dem Geheimnis der Schönheit mitten in unserer brüchigen Existenz und mitten in einer von Leid gezeichneten Welt nachspüren. Was ist wirklich schön? Und was ist die Klammer, die die beiden Sätze zusammenhält, die von Jesus ausgesagt werden und die auch von uns gelten?

Über die Schönheit nachzudenken ist nicht eine fromme Flucht aus der Welt, sondern ein Weg, mitten in unserem Einsatz für die Welt einen Zufluchtsort zu haben, an dem wir ausruhen, an dem wir in Berührung kommen mit unserer Seele und ihrer inneren Schönheit, um uns dann wieder ganz unserer Arbeit widmen zu können. Da Schönheit immer fasziniert, ist für mich das Gespür für die Schönheit immer auch ein Weg zu Gott, der – wie die Religionsphilosophen sagen – das eigentliche Faszinosum ist. In der Schönheit möchte uns Gott selbst berühren und anziehen.

Aber Gott ist nicht nur das Faszinosum, sondern auch das Tremendum, das uns erschreckt, das uns in die Knochen fährt. Ganz ähnlich ist es mit der Erfahrung des Schönen. Es ist nicht immer nur das, was uns gefällt, was uns angenehm ist. Es kann uns auch erschrecken und erschüttern. Das hat nicht nur Dostojewski so gesehen, sondern auch andere Dichter. Ich möchte nur zwei zitieren. Rainer Maria Rilke schreibt in der ersten Duineser Elegie:

> Denn das Schöne ist nichts
> als des Schrecklichen Anfang, den wir gerade noch ertragen,
> und wir bewundern es so, weil es gelassen verschmäht,
> uns zu zerstören.

Das Schöne reißt uns heraus aus unserer alltäglichen Erfahrung. Wir können das Schöne nur kurz erblicken. Das Schöne hat etwas von der erschütternden Qualität Gottes. Wir können es nur ertragen, indem wir es kurz berühren. Das absolut Schöne können wir nicht erblicken, sondern nur die Spuren des Schönen in der Welt. Wenn uns wirklich etwas in der Seele fasziniert, erschreckt es uns auch, weil es uns aus der alltäglichen Oberflächlichkeit herausreißt und uns erschüttert von einer Erfahrung, die die Tiefe unserer Seele berührt.

Auch Peter Handke spricht von der »erschütternden Schönheit« (Handke, Saint-Victoire 82). Das wahrhaft Schöne erschüttert uns, es erschreckt uns. Wir können es nicht bequem vom Sessel aus betrachten. Das wahrhaft Schöne bringt unsere Seele in Bewegung. Es zerbricht die Panzer, die wir um uns gelegt haben, um alles nur als Zuschauer zu betrachten. Das Schöne kann man nicht als bloßer Zuschauer ansehen. Es zieht uns in sich hinein. Es bricht uns innerlich auf, damit wir aufgebrochen werden für etwas Tieferes in uns, für das, was unser wahres Wesen ausmacht.

Diese Sichtweise finden wir auch schon bei Dostojewski, wenn auch an anderer Stelle, in seinem Roman Die Brüder Karamasow. Er lässt Mitja Karamasow sagen:

Die Schönheit ist ein furchtbares und schreckliches Ding! Furchtbar, weil sie unbestimmbar ist; und bestimmen kann man sie nicht, weil Gott uns nur Rätsel aufgegeben hat.

MAURINA 282

Der Sehnsucht nach dem Rettenden und Heilenden, aber auch der Sehnsucht nach der Erschütterung durch die Schönheit will ich im Folgenden nachspüren. Ich möchte in der Philosophie, in der Bibel und in der spirituellen Tradition Aspekte dieser heilenden und erschütternden Schönheit aufzeigen. Ich habe nicht den Ehrgeiz, eine Theologie der Ästhetik zu entwickeln oder gar – wie Hans Urs von Balthasar es auf hervorragende Weise tat – eine eigene theologische Dogmatik unter dem Aspekt der Schönheit entwerfen. Ich möchte nur auf Aspekte unseres christlichen Glaubens und unserer Glaubenserfahrung aufmerksam machen, die in der geistlichen Literatur zu kurz kommen.

ZWISCHEN SEIN UND EMPFINDUNG: PLATON ODER KANT?

Die antike Philosophie – und ihr ist die katholische Theologie eines Thomas von Aquin gefolgt – sah das Schöne als einen Aspekt des Seins. Alles, was ist, ist gut, wahr und schön. In der Theologie hat man vor allem die beiden Aspekte des Wahren und Guten beschrieben. Sie wollte immer tiefer eindringen in die Wahrheit des Menschen und in die Wahrheit Gottes. Das ist die Aufgabe der Dogmatik. Aber die Dogmatik kann die Wahrheit nicht besitzen. Sie kann nur das Geheimnis offen halten und ein Gespür dafür vermitteln, dass nicht unsere Sätze wahr sind, sondern dass Gott allein die Wahrheit ist.

Auch um das Gute hat sich die Theologie gekümmert. Dies war vor allem eine Aufgabe der Moraltheologie. Das Gute ist immer auch das »Gesollte«. Es zeigt uns, wie wir sein sollen und wie wir handeln sollen.

Das Schöne hat die Theologie oft vernachlässigt. Aber die Einsicht, dass alles, was ist, auch wahr, gut *und schön* ist, hat für mich nicht nur eine theoretische Bedeutung. Vielmehr will sie mir ein Gespür für das Wesen des Seins vermitteln, damit ich das, was ist, angemessen wahrnehme. Und ich nehme es nur so wahr, wie es von Gott gemeint ist, wenn ich es auch als schön erfahre. Das Schöne ist dann nicht etwas rein Ästhetisches, sondern eine Qualität des Seins. Nur wenn ich das Schöne wahrnehme, werde ich dem Sein gerecht. Nur dann nehme ich die Welt so wahr, wie sie von Gott geschaffen wurde. Das Schöne zu vernachlässigen bedeutet daher immer auch, dem Sein nicht gerecht zu werden, der Schöpfung Gottes nicht gerecht zu werden. Die Einsicht, dass das Schöne existiert, befreit uns von dem Leistungsdruck, dass wir das Schöne machen müssen. Es begegnet uns vielmehr. Es braucht nur die Haltung der Offenheit, die Kontemplation als Bereitschaft, die Dinge so zu sehen, wie sie sind, hinter die Dinge zu schauen.

Evagrius Ponticus nennt diese Sicht der Dinge die »theoria physike«, die Kontemplation der Natur, die in der Natur die Schönheit Gottes erkennt. Die Mystik ist für Evagrius keine Flucht aus der Welt, sondern die kontemplative Sicht der Welt. Sie führt nach Evagrius zur Gesundheit der Seele. Evagrius würde also den Satz Dostojewskis unterschreiben: »Schönheit wird die Welt retten.« Die wahre Gesundheit der Seele kann nach Evagrius nicht allein durch asketisches Tun erlangt werden, sondern nur durch die Kontemplation.

Die evangelische Theologie ist in weiten Bereichen ihrer Schönheitstheologie der Philosophie Kants gefolgt. Für Kant ist Schönheit nicht etwas Objektives. Sie ist vielmehr ein subjektives Geschmacksurteil des Menschen, etwas rein Subjektives. Zwar hat für Kant das subjektive Urteil durchaus in der Objektivität der Welt eine Wurzel. Aber letztlich verliert das Schöne durch die Subjektivierung an heilsamer Kraft für den Menschen.

Ob wir etwas als schön empfinden, hängt allein von unserem Urteil ab. Aber das Schöne hat aus sich heraus keine heilende Wirkung. Nur wenn wir etwas als schön empfinden, tut es uns gut. Letztlich legen wir nur unser Gefühl von Schönheit in die Dinge hinein. Doch nach der Auffassung eines Thomas von

Aquin begegnet uns das Schöne von außen. Und weil es uns begegnet in der Lilie auf dem Feld, in den Psalmen, in der Gestalt Jesu Christi, darum wirkt es heilend auf uns.

Das, was uns begegnet, fasziniert uns, ergreift uns. Wenn wir Kant letztlich zu Ende denken, ist das Schöne nur ein subjektives Gefühl, das wir selbst hervorbringen müssen, anstatt uns vom Schönen, das wahrhaft ist, berühren zu lassen und in der Begegnung mit ihm mit der Schönheit in uns in Berührung zu kommen und auf diese Weise heil und ganz zu werden.

Platon hat uns mit seiner Philosophie des Schönen keine heile Welt vor Augen geführt. Fünfmal heißt es bei Platon:

Das Schöne ist schwer.

Und die Schönheit ist eben nicht etwas rein Ästhetisches, in das ich mich vor der grausamen Wirklichkeit der Welt flüchte. Platon sagt vielmehr:

Wer sich einmal am Schönen versucht, dem ist es auch ein Schönes, zu dulden, was an Leiden ihm zusteht.

Und Platon spricht davon, dass sich die Seele

in gewaltiger Aufregung der einst geschauten Schönheit und Wahrheit

erinnert. Wenn wir das Sein als schön wahrnehmen, kommen wir in Berührung mit unserer Seele, die einst das Schöne schaute. Platon hat das in einem Mythos erzählt. Die Seelen fahren jede Nacht mit einem Seelenwagen zur Spitze des Firmaments. Ihr Zug wird angeführt von den olympischen Göttern.

Oben an der Spitze des Firmaments tut sich dann der Blick auf die wahre Welt auf. Was man dort sehen kann, ist nicht mehr dieses wechselvoll ordnungslose Treiben unserer irdischen sogenannten Welterfahrung, sondern die wahren Konstanten und bleibenden Konfigurationen des Seins.

GADAMER 19

Die Götter betrachten diese wunderbare Ordnung. Doch die Seelen sind durch ihre Gebundenheit an das Irdische gestört. Sie werfen nur einen kurzen Blick auf diese wahre Schönheit, dann kehren sie zurück in ihr irdisches Treiben. Die Erfahrung der Liebe und des Schönen, auch der Liebe *zum* Schönen, bringt die Seele wieder in Berührung mit dem Blick in die wahre Ordnung der Welt.

Dank dem Schönen gelingt es auf die Dauer, sich an die wahre Welt wiederzuerinnern.

GADAMER 19

Das Schöne macht das Ideale sichtbar. Im Schönen leuchtet die wahre Ordnung der Welt, leuchtet die ideale Welt, wie sie die Götter geschaffen haben, für den Menschen auf. So ist die Schönheit wie eine Bürgschaft,

dass in aller Unordnung des Wirklichen, in all ihren Unvollkommenheiten, Bosheiten, Schiefheiten, Einseitigkeiten, verhängnisvollen Verwirrungen dennoch das Wahre nicht unerreichbar in der Ferne liegt, sondern uns begegnet.

GADAMER 20

Das Schöne ist also ein Hereinleuchten des Göttlichen in unsere Welt.

Platon spricht vom »Kalon«. Es ist mehr als das Schöne. Es ist das Rechte, Geziemende, Gute, das dem Wesen Angemessene, das, worin es seine Integrität, seine Gesundheit und sein Heilsein besitzt. (Von Balthasar III,1, 184) »*Kalos*« kann auch das sittlich Gute bedeuten. Immer schwingt dabei der Gedanke von Ordnung mit. Und es wird sehr oft mit dem »*agathos*« (gut) verbunden. »*Kalos kagathos*« wird zum zentralen Begriff bei Sokrates. Er bezieht es weniger auf die äußere Schönheit als auf die innere Schönheit eines Menschen und auf die innere Ordnung. (Vgl. Grundmann 542f) Bei ihm kommt die Schönheit in die Nähe der Gerechtigkeit.

Platon betont, dass das Schöne aus der Welt Gottes in unsere irdische Welt einbricht. Wenn wir heute also das Schöne schauen, dann bringt es uns in Berührung mit unserer Seele, die vor ihrer Einkörperung in unseren Leib das Schöne in seiner ursprünglichen Gestalt geschaut hat. Die Liebe – so sagt Platon – wurde am Anfang aus der Schönheit geboren, und seitdem

erwuchs aus der Liebe zum Schönen alles Gute für Götter und Menschen.

O'DONOHUE, SCHÖNHEIT 278

Wenn die Seele das Schöne wahrnimmt, erwacht sie, wird gekräftigt, und ihr wachsen ewige Flügel:

Erdenschwere und Endlichkeit können sie nicht mehr zügeln.

O'DONOHUE, SCHÖNHEIT 278

Nach Sokrates, dem Schüler Platons, ist es vor allem der Eros, der uns befähigt, das Schöne zu schauen. So erinnert uns das Schöne in der Welt an die Urschönheit Gottes und bringt unsere Seele zu ihrem Wesen und zu ihrer Fähigkeit, Gott zu schauen und mit Gott eins zu werden.

Der Neuplatoniker und Mystiker Plotin hat die Schönheitsphilosophie Platons weitergeführt und damit viele Kirchenväter beeinflusst. Plotin spricht vom Urschönen, letztlich dem Göttlichen, das im Schönen der Welt aufscheint. Und er meint: Wenn wir das Schöne schauen, schauen wir nie nur das äußere Schöne, sondern wir schauen letztlich uns selbst, unser eigenes Bild, unsere innere Schönheit. (Von Balthasar III,1, 264f)

Die Kontemplation des Schönen regt uns an, nach unserem wahren inneren Bild zu streben. Sie ist nicht etwas rein Äußerliches, vielmehr ist sie ein anmutiges inneres Licht, in dem die Seele das Schöne in allem wahrnimmt. Daher bedarf es der Kultivierung des Schönheitssinnes, die zugleich eine Läuterung des Herzens bedeutet. Nur mit einem reinen Herzen vermögen wir die Schönheit in allem wahrzunehmen. Dieses Motiv der Reinigung der Seele, die in ihrem eigenen Inneren die göttliche Herrlichkeit (die immer zugleich auch Liebe ist) wahrnimmt, wird von den christlichen Kirchenvätern aufgegriffen, vor allem von Gregor von Nyssa. Im Schauen der Schönheit komme ich in Berührung mit der grenzenlosen göttlichen Liebe, die auf dem Grund meiner Seele wohnt.

Die Schau des Schönen ist daher nicht ein ästhetischer Akt, sondern Ausdruck einer tiefen Spiritualität. Sie ist Begegnung mit Gott als dem Urgrund der Schöpfung und mit Gott, der in mir wohnt. Es ist ein optimistisches Gottesbild, das uns in der Schönheit berührt, ein Gott, der uns fasziniert, der uns gefällt. Denn schön ist das, was gefällt. Es ist ein Gott, der unsere tiefste Sehnsucht nach Schönheit erfüllt. Und es ist ein Gott, den wir genießen dürfen. »Fruitio dei«, das Genießen Gottes, ist für die katholische Theologie das Ziel unseres spirituellen Weges. Wir dürfen Gott schon hier in allem Schönen genießen und dann in seiner Fülle im ewigen Leben.

Auch Augustinus war von Plotin beeinflusst. Er war ein sensibler Mensch mit einem feinen Gespür für das Schöne. Immer wieder spricht Augustinus von der Schönheit:

> Bald ließ ich mich durch deine Schönheit zu dir hinreißen.

CONFESSIONES VII,17

Als er alle Geschöpfe nach Gott fragte, antworteten sie, sie seien nicht Gott, sondern von Gott geschaffen. Und er beschließt dieses Fragen mit dem Hinweis, dass die Antwort der Schöpfung ihre Schönheit sei. Ihre Schönheit verweist ihn auf Gott:

> Meine Frage bestand in sinnender Betrachtung,
> und ihre Antwort war ihre Schönheit.

CONFESSIONES X,6

Augustinus erfährt die hinreißende Wirkung der Schönheit Gottes, aber auch die Gefahr, dass er bei der äußeren Schönheit stehen bleibt. So beschreibt er seine Suche Gottes, die darin endet, dass er die Schönheit Gottes in seiner eigenen Seele findet:

> Spät habe ich dich geliebt, o Schönheit,
> so alt und doch immer neu,
> spät habe ich dich geliebt.
> Und siehe, du warst in meinem Innern und ich draußen;
> und draußen suchte ich dich und stürzte mich in meiner Hässlichkeit
> auf die schönen Gebilde, die du geschaffen.
> Du warst bei mir, aber ich nicht bei dir.
> Weit weg von dir zog mich, was doch keinen Bestand hätte,
> wenn es nicht in dir wäre.
> Du hast mich laut gerufen und meine Taubheit zerrissen;
> du hast geblitzt und geleuchtet und meine Blindheit verscheucht.

Du hast mir süßen Duft zugeweht;
ich habe ihn eingesogen, und nun seufze ich nach dir.
Ich habe dich geschmeckt,
und nun hungere und dürste ich nach dir.
Du hast mich berührt,
und ich bin entbrannt in deinem Frieden.

CONFESSIONES X,27

Gott hat diesen suchenden Menschen Augustinus in der Schönheit seiner Schöpfung berührt. Die Schönheit ist der Ruf Gottes an den Menschen. »Kalos« (schön) kommt von »kalein« (rufen). Die Schönheit ruft uns, damit wir antworten. Aber Augustinus sieht die Gefahr, dass wir bei der äußeren Schönheit stehen bleiben und die Urschönheit Gottes vergessen. Gott selbst muss unser Auge reinigen, damit wir die Schönheit Gottes in der Schöpfung und im Menschen erblicken können. Wer in sich rein ist, der vermag es, der »einzigen und wahren Schönheit ansichtig zu werden«, des

guten und schönen Gottes, in dem und von dem und durch den alles
gut und schön ist.

VON BALTHASAR II, 101

Wem Gott das Auge reinigt, der kann von der Schönheit der Welt aufsteigen zur Schönheit Gottes. Und er sieht die Schönheit der Welt im Licht der Schönheit Gottes.

Isidor von Sevilla führt diese Lehre weiter. Er meint, der Mensch sei durch die Schönheit der Welt verblendet worden und habe sich von Gott abgewandt. Doch genauso gut kann er durch die Schönheit der Welt wieder zu Gott geführt werden:

Aus der Schönheit der begrenzten Kreatur lässt Gott die seinige ahnen,
die unbegrenzt ist, damit der Mensch denselben Spuren entlang zu
Gott zurückfinde, durch die er sich von ihm abgewendet hat; und er,
der aus Liebe zur Schönheit der Geschöpfe sich von der Gestalt Gottes
entfernte, wiederum durch die Schönheit der Geschöpfe zur Urschön-
heit Gottes zurückkehre.

VON BALTHASAR III,1, 308

Hier wird das Paradox der Schönheit sichtbar. Die Schönheit von Menschen kann uns verblenden. Die Schönheit der Welt kann dazu führen, dass wir uns von Gott abwenden. Aber die Schönheit kann auch zum Weg werden, der uns zu Gott zurückführt. Es kommt nur darauf an, mit welchen Augen wir die Schönheit schauen: mit Augen, die in der Schönheit Gottes Herrlichkeit erkennen, oder aber mit Augen, die bei der Schönheit der Welt stehen bleiben und sie nicht mehr als Spiegel für Gottes Schönheit sehen.

Das Mittelalter mit seinen großen Theologen – Anselm von Canterbury, Thomas von Aquin und Bonaventura – hat die Theologie der Schönheit weitergeführt. Für Anselm von Canterbury zeigt sich in der Ordnungsschönheit der Welt Gottes Schönheit. Es ist eine liebenswerte Schönheit, die zugleich in uns die Liebe hervorlockt. Die Vernunft hat die Aufgabe, die Schönheit Gottes in der Welt zu erkennen. Schönheit ist für Anselm daher nicht eine Frage des Gefühls, sondern der Vernunft, nicht des Fühlens, sondern des Schauens. Mit unserem Intellekt können wir tiefer sehen, können wir in den Dingen Gottes Schönheit sehen und erkennen.

Thomas von Aquin folgt in seiner Lehre von der Schönheit weniger Platon als Aristoteles: Gott ist Urgrund aller Schönheit, sofern er »consonantia« und »claritas«, also Einklang und Klarheit verursacht. »Claritas« bewirkt Gott dadurch, dass er die Dinge teilhaben lässt an seinem Urlicht. »Claritas« meint das Glänzende, Strahlende der Schönheit. Wir sagen ja auch von einem schönen Menschen, dass er strahlt. »Consonantia« bedeutet, dass alles zusammen klingt und zusammen stimmt. Gott ordnet alle Dinge auf sich selbst hin, und er ruft sie heim zu sich selbst und zu ihrem wahren Wesen.

Thomas von Aquin versteht die Beziehung zwischen »kalos« und »kalein« (»schön« und »rufen«) anders als Augustinus. Bei Augustinus ruft uns Gott durch die Schönheit. Bei Thomas sind die Dinge schön, weil Gott sie selbst ins Dasein ruft und weil er sie aufeinander hin ordnet und versammelt. Dass Gott etwas schafft, ist nicht Ausdruck von Bedürftigkeit, sondern es muss

> in der Liebe zur eigenen Schönheit liegen, denn wer eigene Schönheit hat, will sie vervielfachen wie immer es möglich ist, nämlich durch Mitteilung der Ähnlichkeit mit sich selbst ... So ist alles geschaffen, um die göttliche Schönheit so gut es geht nachzuahmen.
>
> VON BALTHASAR III,1, 369

Die Schönheit der Welt ist daher letztlich Ausfluss der Liebe Gottes, die sich für uns hingeben und uns erfreuen will. Von der menschlichen Erfahrung her stellt Thomas von Aquin seine bekannte und schon erwähnte Definition des Schönen auf:

> Pulchra sunt quae visa placent.
> Schön ist das, was als Erschautes gefällt.

Das Schöne wirkt also angenehm auf die Seele und den Leib des Menschen. Es gefällt. Es ruft beim Menschen Freude und Wohlgefallen hervor. Und die Schönheit berührt uns durch das Schauen.

Der Franziskanertheologe Bonaventura hat von allen drei Theologen dem Schönen in seiner Theologie den meisten Raum gewidmet. Er hat die Schönheit Gottes vor allem mit Jesus Christus verbunden. Die Schönheit Gottes wird uns in der Schönheit des Sohnes offenbar. (Von Balthasar II, 300) Bonaventura bringt diese Schönheit Jesu jedoch in Verbindung mit der Aussage des Propheten Jesaja, dass in Jesus weder Schönheit noch Ansehnlichkeit war. Jesus wird entblößt, sodass die Ungestalt des reinsten Leibes angeschaut wird:

Aber mit der äußeren Ungestalt wahrte er zugleich im Innern die Schönheit ... Den Schönsten der Menschenkinder sahen die Menschen am Kreuz, sie, die nur auf das Äußere sehen, und so sahen sie ihn als den, der weder Schönheit noch Gestalt besaß, sein Antlitz war verachtet und seine Haltung verrenkt, und doch strömte aus dieser Ungestalt unseres Erlösers der Preis für unsere Schönheit ... Seine innere Schönheit aber, da die ganze Fülle der Gottheit in ihm wohnt: wer mag sie aussprechen. So mögen auch wir äußerlich im Leib mit dem ungestalten Jesus ungestalt werden, um innerlich neu gestaltet zu werden mit dem gestaltvollen Jesus.

VON BALTHASAR II, 355

Bonaventura verbindet in diesem Text die beiden Aussagen über Jesus, die ich schon in der Einleitung zitiert habe:

Du bist der Schönste unter den Menschen,
Anmut ist ausgegossen über deine Lippen.

PSALM 45,3

Er hatte keine schöne und edle Gestalt,
so dass wir ihn anschauen mochten.

JESAJA 53,2

Und er bringt sie in seiner Theologie zusammen. Die Schönheit Jesu leuchtet sogar noch aus seiner Ungestalt heraus. Bonaventura bringt mit diesen Worten eine Erfahrung zum Ausdruck, die wir auch heute machen: Die Schönheit ist in der Welt, aber oft ist es eine gekreuzigte Schönheit, eine Schönheit, die verborgen ist hinter der Ungestalt von geschändeten und beschämten Menschen.

Ähnlich wie Augustinus spricht Bonaventura von der Reinigung der Seele. Wenn die Seele gereinigt ist von der Sünde, dann leuchtet ihre Schönheit auf. Und dann wird sie zu einem blanken Spiegel, in dem die Schönheit der Welt gespiegelt wird. In diesem blanken Spiegel der Seele erkennt die Seele auch ihre eigene Schönheit. Sie erkennt, dass sie ein Bild Gottes ist und dass dieses Bild Gottes Schönheit widerspiegelt. Die Spiritualität der Schönheit ist daher kein Gegensatz zu einer asketischen Spiritualität. Um das Schöne wahrnehmen zu können, braucht es die Askese der Reinigung. Ich stelle mich meinen inneren Trübungen, den unreinen und verschmutzten Gefühlen und Gedanken, um sie von Gottes Liebe reinigen zu lassen. Nur dann werde ich fähig, das Schöne in der Welt zu erkennen und mich von ihm erleuchten zu lassen. Aber das Schöne selbst hat auch eine reinigende Wirkung. Wenn ich mitten in meiner Sünde vom Schönen fasziniert werde, dann verliert die Sünde ihre Macht. Im Schönen berührt mich Gott und reinigt mich. Wenn das Schöne auf einen verschmutzten Spiegel trifft, dann lädt es uns ein, unseren Spiegel zu reinigen. Denn auch durch den Schmutz hindurch fasziniert uns das Schöne, sodass wir es immer klarer schauen wollen.

All diese philosophischen und theologischen Überlegungen bleiben für mich nicht nur theoretisch. Sie verändern vielmehr meine Einstellung zur Wirklichkeit. Es ist ein Unterschied, zu sagen: »Ich empfinde das als schön«, oder zu sagen: »Das ist schön«. Es gibt tatsächlich etwas objektiv Schönes. Für Platon ist alles, was dem Sein entspricht, was der inneren Ordnung der Dinge und des Menschen entspricht, schön. Das Schöne ist das Wohlgeordnete, das Strukturierte. Es ist nicht einfach Schein, sondern Sein. Aber es verlangt von mir einen anderen Blick: die Bereitschaft, das Seiende so zu schauen, dass ich es sein lasse. Das war für allem für Martin Heidegger ein wichtiger Aspekt seiner Philosophie, die die griechische Metaphysik in unsere Zeit hineinübersetzt hat: Die Wahrheit zeigt sich für Heidegger. Sie offenbart sich. Und dieses Erscheinen der Wahrheit ist die Schönheit. (Mann 22)

Die Schönheit ist Ereignis. Ereignis kommt von »Eräugnis«, also von »Auge«. Es wird zur Schau. Das Schöne zeigt sich und in ihm zeigt sich alles, Gott und Mensch, Himmel und Erde. Die Antwort des Menschen auf das Erscheinen der Wahrheit ist das »dichterische Wohnen« und das »andenkende Denken«. Wir denken oder sprechen nicht über die Dinge, wir lassen im Denken und Sprechen vielmehr die Dinge anwesend sein. Im dichterischen Wohnen ereignet sich für uns das Schöne, und darin liegt für Heidegger immer auch das Rettende. (Mann 23) Um das Schöne wahrzunehmen, braucht es die innere Haltung des Lassens, der Gelassenheit – wie Meister Eckhart sagt. Wir lassen die Dinge, wie sie sind. Wir schauen sie an, ohne sie zu beurteilen, vorurteilslos, in Gelassenheit. Wir lassen die Dinge sein, wie sie sind. Wir versuchen, sie zu denken, anzudenken, ins Wort zu heben. Wir sprechen nicht über die Dinge. Wir lassen die Dinge vielmehr im Wort aufscheinen. So verlangt das Schöne ein kontemplatives Denken: ein Denken, das die Dinge in ihrer Schönheit aufstrahlen lässt.

Die optimistische Sicht der Welt, die in der katholischen Theologie immer durchgehalten wurde, hat ihren entscheidenden

Grund darin, dass Gott sich in die Welt hinein inkarniert hat. Gott hat die Welt gut und schön geschaffen. Und diese Schönheit ist in der Welt trotz aller menschlicher Schuld. Die Schönheit ist nach wie vor der Ort, an dem wir Gott erfahren können. Ja, die Faszination durch die Schönheit kann uns öffnen für die Erfahrung Gottes. Denn in allem Schönen, was uns innerlich anzieht, begegnet uns letztlich die Urschönheit Gottes. Die Schönheit, die wir in der Welt erleben, wird so zu einer Spur, die Gott in diese Welt gegraben hat, damit wir ihn trotz aller Zweifel und Glaubensschwäche immer wieder erahnen und erfahren dürfen. Im Schönen zeigt sich Gott. Beim Menschen braucht es die Offenheit, um das Schöne wahrzunehmen. Die Philosophie und Theologie des Schönen führt so letztlich zu einer kontemplativen und mystischen Spiritualität. Es geht um die Verwandlung des Menschen durch das Schauen des Schönen.

DIE SCHÖNHEIT JESU CHRISTI
IM LUKASEVANGELIUM

Die Kunst, die Schönheit des Lebens, aber vor allem die Schönheit Jesu Christi, im Wort aufscheinen zu lassen, hat wie kein anderer so beherrscht wie der Evangelist Lukas. Lukas hat uns wunderbare Erzählungen geschenkt. In der Schönheit der Erzählung leuchten die Schönheit Jesu Christi und die Schönheit des Lebens auf, das er uns schenkt.

Das Wort Schönheit kommt bei Lukas kaum vor. Aber in der Reaktion der Menschen auf Jesus wird etwas von der Schönheit Jesu sichtbar, die die Menschen fasziniert. Diese faszinierende Schönheit Jesu freut die Menschen. (Lukas 13,17)

Aber sie geraten auch außer sich, weil ihnen im Wirken Jesu die Größe Gottes aufscheint. (Lukas 9,43) Diese Ekstase über die Schönheit Jesu ist aber auch mit Furcht verbunden, mit dem Erschrecken über das völlig Ungewohnte. So beschreibt Lukas die Reaktion der Menschen auf die Heilung des Gelähmten mit den Worten:

Da gerieten alle außer sich (Ekstasis); sie priesen Gott und sagten voller Furcht: Heute haben wir etwas Unglaubliches gesehen.

LUKAS 5,26

Lukas hat das griechische Schönheitsideal vor Augen, wenn er die Entwicklung des Kindes Jesus beschreibt:

Das Kind wuchs heran und wurde kräftig; Gott erfüllte es mit Weisheit, und seine Gnade ruhte auf ihm.

LUKAS 2,40

In dem Kind Jesus wird Gottes reine Schönheit sichtbar (das ist mit charis = »Gnade, Anmut, Schönheit, angenehmes Wesen« gemeint) und entfaltet sich immer mehr in ihm. Das wird auch in der zweiten Beschreibung des Heranwachsens Jesu deutlich:

Jesus machte Fortschritte in der Weisheit, im Lebensalter und in der Gnade bei Gott und den Menschen.

LUKAS 2,52

Jesus war nicht nur der weise Mensch, sondern auch einer, der bei Gott und den Menschen beliebt war, der in seiner Anmut und Schönheit von Gott und den Menschen gerne gesehen wurde. Daher übersetzt die Einheitsübersetzung den Vers so:

Er fand Gefallen bei Gott und den Menschen.

LUKAS 2,52

Gefallen finden ist das Wesen der Schönheit. Was schön ist, gefällt. Die griechischen Kirchenväter haben diese Beschreibung des Lukas aufgegriffen, wenn sie von der überragenden Schönheit Jesu schreiben. Und sie sehen ihre Deutung Jesu in den messianischen Schönheitsaussagen des Alten Testament bestätigt. Für sie ist Mose schön, Joseph ist schön. Aber die Schönheit des Messias überragt deren Schönheit. (Vgl. Bertram 556)

Die Schönheit des Menschen wiederherzustellen, sah Jesus als seine Lebensaufgabe. Daher hat Lukas – wie kein anderer Evangelist – die Heilungen vor allem auf den Sabbat verlegt. Jesus stellt den Menschen wieder in seiner ursprünglichen Schönheit her, so wie Gott ihn am sechsten Tag erschaffen hatte. Durch die Heilung am Sabbat wird das Wort aus der Schöpfungsgeschichte Wirklichkeit:

> Gott sah alles an, was er gemacht hatte: Es war sehr schön.
>
> GENESIS 1,31

Jesus richtet die gekrümmte Frau am Sabbat wieder auf, damit sie ihre eigene Würde neu erkennt und sich ganz und gar auf Gott ausrichten kann. (Lukas 13,10–17)

Am Sabbat heilt er einen Wassersüchtigen. Er befreit ihn von seiner Sucht. Lukas vergleicht diese Sucht mit einem Sohn oder Ochsen, der ins Wasser gefallen ist. Heilen heißt: den Menschen herausziehen aus dem Sumpf, in den er oft geraten ist. Wenn ein Mensch in den Sumpf der Sucht gerät, dann wird er in seiner Schönheit und Würde beeinträchtigt. Er wird innerlich und oft genug auch äußerlich verschmutzt, verwahrlost. Heilung bedeutet, den Menschen wieder in seine ursprüngliche Schönheit zurückzuführen. Diese ursprüngliche Schönheit ist auch das Ziel jeder Umkehr. Wenn der verlorene Sohn wieder zu seinem Vater zurückkommmt, dann wird er schön gemacht. Man zieht ihm schöne Kleider an und schmückt ihn mit einem Ring, um ihm seine ursprüngliche Schönheit wiederzugeben. (Lukas 15,22)

Der Mensch, der zu Gott zurückfindet, findet in Gott auch seine wahre Schönheit. Die Frau, die bei den Pharisäern als Sünderin galt, hatte ein Gespür für die Schönheit Jesu. Sie wusch seine Füße mit ihren Tränen,

trocknete seine Füße mit ihrem Haar,
küsste sie und salbte sie mit dem Öl.

LUKAS 7,38

Sie tat es aus Liebe. Jesus spricht ihr die Vergebung der Sünden zu und meint: Wer viel liebt, dem wird auch viel vergeben. Man könnte auch sagen: Wer die Schönheit liebt, erfährt in seiner Liebe zugleich, wie seine Schuld von ihm weicht. Er erfährt in der Schönheit Jesu zugleich seine vergebende Liebe.

Jesus erscheint in seiner Schönheit in der Verklärung. Mit den anderen Synoptikern Matthäus und Markus lässt auch Lukas Petrus auf die Schönheit Jesu, die in seinem glänzenden Antlitz offenbar wird, antworten:

Meister, es ist schön, dass wir hier sind. Wir wollen drei Hütten bauen,
eine für dich, eine für Mose und eine für Elija.

LUKAS 9,33

Mose und Elija haben an der Schönheit Jesu teil. Petrus will diesen schönen Augenblick festhalten. Doch das verwehrt ihm Jesus. Es soll ihm genügen, die Schönheit Jesu geschaut zu haben. Er muss durch die dunkle Wolke hindurch wieder ins Tal gehen. Dort bleibt ihm die Erinnerung an die Schönheit Jesu.

Lukas beschreibt Jesus in seinem Handeln, in seinen Worten, in seinen Begegnungen und letztlich in seinem Leiden und Sterben als den wahrhaft gerechten Menschen, nach dem sich die griechische Philosophie gesehnt hat. Gerechtigkeit hat mit Schönheit zu tun. Denn gerecht ist der Mensch, der seinem innersten Wesen, der seiner göttlichen Würde gerecht wird. Jesus lässt sich aus dieser Gerechtigkeit selbst durch die Ungerechtigkeit seiner Mörder nicht heraustreiben. So verherrlicht der Hauptmann unter dem Kreuz Gott mit den Worten, dass dieser Jesus wahrhaft ein gerechter Mensch war. (Lukas 23,47) Die Herrlichkeit, die Schönheit Gottes, wird also in diesem gerechten Menschen, in diesem Urbild wahrer Menschlichkeit sichtbar. Die Reaktion auf die Schönheit Jesu ist die Verwandlung der Jünger. Sie kommen mit ihrer eigenen Schönheit, mit ihrem göttlichen Kern in Berührung. Das erklärt Lukas durch das griechische Bild des Schauspiels. Lukas versteht das Leben Jesu als Schauspiel, das uns mit der göttlichen Schönheit in uns in Berührung bringen möchte. Das Schauspiel, so sagt der griechische Philosoph Aristoteles, führt zur Katharsis, zur Reinigung der Emotionen, damit das Wesen des Menschen in reiner Weise aufleuchtet. Lukas sagt von der Kreuzigung Jesu:

> Alle, die zu diesem Schauspiel herbeigeströmt waren und sahen, was sich ereignet hatte, schlugen sich an die Brust und gingen betroffen weg.
>
> LUKAS 23,48

Sie sahen in diesem Schauspiel die Schönheit der Liebe Gottes und kamen so in Berührung mit dem Schönen in sich selbst. Das führte zur Umkehr. Es war kein Bußruf, der sie zur Umkehr bewegte, sondern das Schauen (theorein) des Geschehens. Indem sie den wahrhaft gerechten Menschen schauen, kommen sie mit ihrer eigenen Gerechtigkeit und ihrer eigenen Schönheit in Berührung. Und so gehen sie verwandelt nach Hause. Wer wahrhaft Schönheit anschaut und ganz im Schauen aufgeht – dieses Schauen ist mit »theorein« gemeint –, der geht verwandelt aus dieser Erfahrung hinaus.

Die Verwandlung der Jünger, die Jesus geschaut haben, beschreibt Lukas in der Apostelgeschichte. Die furchtsamen Jünger können auf einmal öffentlich reden. Petrus, der ungelehrte Fischer, fasziniert die Menschen mit seiner schönen Rede, die ihm vom Heiligen Geist eingegeben wurde. Von Petrus und Johannes geht etwas Heilendes und Aufrichtendes aus. Sie richten den Gelähmten im Tempel wieder auf. Und die beiden Apostel treten auch vor den Hohenpriestern mit Freimut (parrhesia, ein griechisches Ideal) auf. Sie sagen:

> Wir können unmöglich schweigen über das,
> was wir gesehen und gehört haben.
>
> APOSTELGESCHICHTE 4,20

Die Schönheit des Lebens kommt in der Beschreibung der urchristlichen Gemeinschaft zum Ausdruck. Die frühen Christen hielten

> miteinander Mahl in Freude und Einfalt des Herzens.
>
> APOSTELGESCHICHTE 2,46

Ausdrücklich von der Schönheit eines Menschen spricht Lukas, wenn er den Diakon Stephanus beschreibt:

> Als alle, die im Hohen Rat saßen, auf ihn blickten, erschien ihnen sein
> Gesicht wie das Gesicht eines Engels.
>
> APOSTELGESCHICHTE 6,15

Stephanus ist so vom Geist Jesu erfüllt, dass er seinen Mördern noch vergibt. Dieser Geist lässt sein Gesicht wie das Antlitz eines Engels aussehen. Wer also vom Geist Jesu erfüllt wird, der spiegelt Jesu Schönheit und die Schönheit der Engel in dieser Welt wider. Sowohl das Lukasevangelium als auch die Apostelgeschichte sind voll von schönen Geschichten. So ist für mich Lukas die Einladung, über das, was wir erleben, »schön« zu erzählen. Wir sagen manchmal von einem Menschen, der über eigene oder fremde Erfahrungen spricht: Er hat das so schön erzählt. Seine Erzählungen gefallen uns. Etwas schön zu erzählen ist etwas anderes, als etwas schönzureden. Wer etwas schönredet, der will die Realität nicht aushalten. Eine schöne Erzählung – so zeigt es uns auch Lukas – ist nicht immer die Erzählung einer heilen Welt. Da wird auch vom Leid und von der Gefährdung des Lebens erzählt. Aber schon die Sprache, in der wir von unseren Erfahrungen von Krankheit, Not und Leid erzählen, verwandelt diese Erfahrung, hebt sie auf eine andere Ebene. Indem wir einer schönen Erzählung zuhören, werden wir in sie hineingezogen. In uns wandelt sich etwas. Die schöne Erzählung ist kein moralischer Appell, uns zu ändern. Sie ist vielmehr eine sanfte Art und Weise, unsere eigene Wahrheit in einem anderen Licht zu sehen und von innen her auch unser Reden und Tun zu wandeln.

Das Lukasevangelium und die Apostelgeschichte laden uns heute ein, Jesus auf schöne Weise zu verkünden. Dabei sollen wir nicht alles schönreden oder in schöne Harmonie auflösen. Vielmehr sollen wir von Lukas die Kunst lernen, von unserem Leben, von unseren Nöten und Schmerzen, von unserem Leid und unserer Enttäuschung so zu sprechen, dass wir nicht im Jammern oder Klagen stecken bleiben, sondern dass mitten im Leid etwas von der Schönheit des Menschen und von der Möglichkeit der Verwandlung aufscheint. Lukas hat für seine griechischen Leser einen Bestseller geschrieben, der – ohne Jesus zu verfälschen – auf ihren Geschmack nach einer schönen Geschichte einging.

Ich erschrecke manchmal, wie Prediger von Jesus sprechen. Sie schildern Jesus entweder als den Zauberer, der alle Probleme löst, oder aber als den Moralprediger, der uns mit seinen Forderungen überführt. Die euphorische Sprache, die nur von der Schönheit Jesu schwärmt, hat Angst vor der Realität und wird der wahren Schönheit Jesu nicht gerecht. Und die moralisierende Predigt projiziert letztlich die Angst vor dem Bösen in die Herzen der Menschen. Beide Weisen, von Jesus zu sprechen, entsprechen nicht dem Jesusbild des Lukas. Lukas zeigt uns einen anderen Weg. Wir sollen unsere Wirklichkeit, so wie sie ist, auch in ihrer Hoffnungslosigkeit und Verzweiflung – wie sie etwa bei den Emmausjüngern zum Ausdruck kommt –, mit dem Schicksal Jesu verbinden. Dann sehen wir im Licht Jesu unser Leben mit anderen Augen. Dann entdecken wir auch in den Verwirrungen unseres Lebens die schöne Gestalt (doxa), die Gott unserem Leben zugedacht hat. Und wir erkennen Jesus als den, der uns durchaus provoziert, der die Tragödie eines gescheiterten Lebens erleidet und sich dennoch als der wahrhaft gerechte Mensch nicht aus seiner inneren Schönheit vertreiben lässt.

Auch die griechischen Tragödien schildern uns keine heile Welt. Aber trotz allen Leids und allen Unglücks und aller Katastrophen leuchtet uns in ihnen etwas von der inneren Schönheit des Menschen entgegen, wie es in dem berühmten Wort der Antigone im Drama von Sophokles sichtbar wird:

Nicht mitzuhassen, mitzulieben, sind wir da.

Lukas ist für mich eine ständige Herausforderung, mein Sprechen über Jesus und über meine christliche Existenz zu überprüfen und bei allem Leid dem Schönen Raum zu geben, das das Leid verwandelt.

DIE PARADOXE SCHÖNHEIT DES KREUZES IM JOHANNESEVANGELIUM

Kein anderer Evangelist spricht so oft von »doxa« (Glanz, Pracht, Herrlichkeit, Schönheit) wie Johannes. Das Paradoxe ist jedoch, dass diese Herrlichkeit und Schönheit Gottes am klarsten am Kreuz aufleuchtet, also gerade dort, wo wir sie nicht vermuten: im Leiden und Sterben Jesu. Das Thema der Herrlichkeit durchzieht das Johannesevangelium vom ersten bis zum letzten Kapitel. Im Prolog verbindet Johannes die beiden Worte: Gnade und Schönheit, Gnade und Herrlichkeit:

Wir haben seine Herrlichkeit gesehen, die Herrlichkeit des einzigen Sohnes vom Vater, voll Gnade und Wahrheit.

JOHANNES 1,14

In Jesus leuchtet Gottes Schönheit auf. Und diese Schönheit ist voller Gnade und Wahrheit.

Was meinen diese Begriffe? Wahrheit heißt im Griechischen »aletheia« und bedeutet letztlich: der »Schleier«, der über der Wirklichkeit liegt, wird weggezogen, und wir schauen die Dinge so, wie sie sind, in ihrer Wahrheit und in ihrer Schönheit. Das deutsche Wort »schön« kommt von »schauen«. Schön ist das, was ansehnlich ist, was gerne geschaut wird. Für Johannes und für die Griechen allgemein ist das Schauen der wichtigste Sinn. Das griechische Wort für »Gott« (theos) kommt von »theastai« (schauen). Die griechische Philosophie sagt: Das Sein ist immer zugleich gut, wahr und schön. Wenn ich also im Seienden, im Vorhandenen das Sein entdecke, dann schaue ich auf das Schöne. Im Seienden zeigt sich letztlich das Urschöne.

Die Griechen kennen zwei Worte, die das Gegenteil des Schönen bezeichnen: einmal »aischyno« (etwas entstellen, hässlich machen, entehren, eine schlechte Gestalt geben). Das Schöne ist immer auch das Ehrenvolle, das, was unserer Würde entspricht. Das Gegenteil ist die Schande, die Entehrung, die Entstellung. Das zweite Wort für das Hässliche ist »aoros«, es meint das Unzeitige, das, was den Rhythmus stört, was für den Augenblick nicht passend ist. »Kalos«, das Schöne, ist ja immer auch das Geordnete und Angemessene. »Aoros« stört die Ordnung. Es fällt aus der Ordnung der Zeit und ist daher hässlich. Das Schöne ist das Eine, das Ganze. Wenn wir eins sind mit Gott, dann sind wir schön.

Schönheit hat mit Gnade zu tun. »Charis«, das griechische Wort für Gnade, meint: Geschenk, Gabe, aber auch Liebreiz, Anmut, das Erfreuliche, das von der Schönheit ausgeht. Der deutsche Dichter Friedrich Hölderlin übersetzt »charis« mit »Freundlichkeit des Seins«, der Philosoph Martin Heidegger mit »Huld des Seins« oder »Gunst des Seins«. »Charis« hat als das Angenehme und Anmutige auch mit Charme zu tun. Doch das Wort »Charme« kommt von »carmen« (Gesang, Zauberformel) und von »canere« (singen, bezaubern). Der Glaube ist also nicht nur die Kunst, das Schöne zu schauen, sondern er bezaubert auch durch das, was er uns zeigt. Er zeigt uns die Schönheit und Liebe Gottes.

Das ist ein anderer Begriff von Glauben, der uns hier bei Johannes begegnet, als wir ihn oft in uns tragen. Wir meinen, wir müssten glauben, oder wir müssten vertrauen. Glauben ist für

Johannes das Schauen des Schönen. Und wer das Schöne schaut, der vertraut auf die Güte des Seins, auf die Huld des Seins. Er sieht das Schöne mitten in einer oft hässlich erscheinenden Welt.

Für Johannes leuchtet die Schönheit Gottes im Fleisch des menschgewordenen Wortes (logos) auf. Das hilflose Fleisch (sarx) ist hinfällig, schwach und krank, und durch Krankheit entstellt. Das ist das Paradox des johanneischen Schönheitsbegriffes: Der Glanz Gottes leuchtet gerade in der Schwachheit des Fleisches auf. Und diese Schwachheit des Fleisches wird in zwei weiteren Bildern entfaltet: im Bild des Lammes und des Kreuzes. Johannes der Täufer richtet den Blick seiner Jünger auf Jesus, indem er sagt:

Seht das Lamm Gottes.
....
JOHANNES 1,36

Das Lamm ist nicht das Opferlamm oder der Sündenbock (arnion), sondern das wehrlose, hilflose Lamm (amnos). Jesus ist nicht der Held, sondern er ist wie ein Lamm verwundbar. Er wird den Mächtigen ausgeliefert. Aber gerade in diesem schwachen, der Macht der Welt ausgelieferten Menschen leuchtet Gottes Schönheit auf. Und diese Schönheit ist immer schon Liebe.

In dem anderen Lammwort (Johannes 1,29) spricht Johannes von dem Lamm, das die Sünde der Welt hinwegträgt. Da wird Gottes »sündenwegtragende« Liebe sichtbar, von der Exodus 34,6f gesprochen hat. Das Hinwegtragen der Sünden hat nichts mit Sühne zu tun, sondern ist – nach der Aussage von Exodus 34 – Zeichen der Liebe Gottes. Gottes Liebe zeichnet sich dadurch aus, dass sie uns die Sünde nicht anlastet oder aufbürdet, sondern sie aus der Welt hinausträgt, sodass sie keine Macht mehr über uns hat.

Jesus selbst bezeichnet sich als den »schönen Hirten«. Wir übersetzen das griechische Wort »kalos« oft mit »gut«. Aber eigentlich heißt es »schön«. Carlo Maria Martini übersetzt daher die Worte Jesu vom »guten Hirten« so:

> Ich bin der schöne Hirt. Der schöne Hirt gibt sein Leben für die Schafe ... Ich bin der schöne Hirt; ich kenne die Meinen und die Meinen kennen mich, wie mich der Vater kennt und ich den Vater kenne; und ich gebe mein Leben hin für die Schafe.
>
> MARTINI 51

Und er deutet diese Worte Jesu so:

> Die Schönheit des Hirten ist die Liebe, mit der er sich für jedes seiner Schafe in den Tod gibt und mit jedem eine unmittelbare, persönliche Beziehung aus tiefster Liebe knüpft. Das heißt: Seine Schönheit erfährt, wer sich von ihm lieben lässt und ihm sein ganzes Herz schenkt, damit er es mit seiner Gegenwart durchströme.
>
> MARTINI 52

Jesus spricht als der schöne Hirte auch von den schönen Werken, die er im Auftrag seines Vaters vor den Menschen vollbringt. (Johannes 10,32)

Es sind seine Werke der Liebe. Johannes zeigt hier die Verbindung von Schönheit und Liebe, wie sie schon die Griechen sahen und wie sie auch Dostojewski in seinem Roman *Der Idiot* gesehen hat. Schön ist der Mensch, der liebt und sich in seiner Liebe hingibt für andere. Die frühchristliche Kirche hat Jesus als den jugendlichen schönen Hirten dargestellt, der mit seiner Schönheit die Menschen anzieht und sie daher ohne Druck führen und lenken kann.

Die Wehrlosigkeit des Fleisches kommt am Kreuz zur Vollendung. Da wird Jesus der willkürlichen Macht der Welt ausgeliefert. Nach außen hin ist Jesus machtlos und hilflos. Aber gerade am Kreuz wird er von Gott verherrlicht. Und diese Herrlichkeit ist letztlich sichtbar gewordene Liebe: Liebe bis zur Vollendung. Am Kreuz leuchtet Gottes Schönheit am klarsten auf. Das ist ein Paradox. Wir verbinden das Kreuz mit dem grausamen Leiden Jesu. Doch Johannes sieht darin die Vollendung der Liebe. Wenn ein Freund sein Leben gibt für seine Freunde, dann ist das der Gipfel der Liebe:

Es gibt keine größere Liebe, als wenn einer sein Leben für seine Freunde hingibt.

JOHANNES 15,13

Die Schönheit der Freundesliebe leuchtet uns am Kreuz entgegen. Und es leuchtet eine Herrlichkeit auf, die anders ist als die irdische Schönheit. Jesus bittet in seinem letzten Gebet:

Vater, verherrliche du mich jetzt bei dir mit der Herrlichkeit, die ich bei dir hatte, bevor die Welt war.

JOHANNES 17,5

Im Tod Jesu am Kreuz wird eine Herrlichkeit sichtbar, die den Tod überdauert. Es ist die Herrlichkeit Gottes, die schon vor aller Schöpfung da war und an der Jesus als der Sohn Gottes schon immer teilhatte.

Johannes kennt noch zwei andere Bilder für die Liebe, die sich am Kreuz vollendet: das Bild der Hingabe und das Bild der Umarmung. Obwohl der Kreuzestod ein gewaltsamer Tod ist, der Jesus von außen her widerfährt, spricht er von seiner aktiven Hingabe:

Ich gebe mein Leben hin für meine Schafe ...
Niemand entreißt es mir, sondern ich gebe es aus freiem Willen hin.
JOHANNES 10,15.18

Jesus verwandelt das, was ihm von außen widerfährt, in einen Akt der Liebe und Hingabe. Damit nimmt er dem Äußeren seine Macht. Die Hingabe verwandelt alles Grausame, das uns von außen trifft, in Liebe. Das zweite Bild ist das der Umarmung. Jesus sagt:

Und ich, wenn ich von der Erde erhöht bin, werde alle zu mir ziehen.
JOHANNES 12,32

Die Gebärde am Kreuz, die Gebärde der ausgebreiteten Arme, ist eine Gebärde der Umarmung. Am Kreuz umarmt Jesus die ganze Welt. Er umarmt unsere Gegensätze. Die Gebärde der Umarmung ist nicht nur eine Gebärde der Liebe, sondern auch der Schönheit.

In dieser Gebärde entfaltet Jesus seine wahre Gestalt als Mensch, der ganz von Gottes Liebe durchdrungen ist. Der Mensch ist von seinem Wesen her Kreuzgestalt, der die Höhen und Tiefen, die Länge und Breite umfasst. Am Kreuz stellt Jesus die ursprüngliche Gestalt des Menschen dar und zeigt so seine Schönheit auf. Auf diese Weise verwandelt Johannes das Grausame in die Herrlichkeit, die am Kreuz aufleuchtet. Maurus Kraus, der das Kreuz an der Stirnwand unserer Abteikirche in Münsterschwarzach schuf, hat mit seiner Darstellung das Leid auch in Schönheit verwandeln wollen. Er hat den auferstandenen Christus dargestellt, der am Kreuz die ganze Welt umarmt und der auch jeden, der auf das Kreuz schaut, umarmt mit allem, was ist.

Kreuz meint eben gerade Umarmung der Gegensätze. Wir finden uns nicht schön, weil wir vieles, was wir in uns wahrnehmen, ablehnen. Was wir aber ablehnen, das fehlt uns an unserer Schönheit. Das Kreuz verbindet alles in uns: das Helle und Dunkle, das Starke und Schwache, das Gesunde und Kranke, das Heilgebliebene und das Zerbrochene, das Gelebte und das Ungelebte, das Lebendige und das Erstarrte, das Gelungene und das Misslungene, das Bewusste und das Unbewusste.

Das Johannesevangelium ist eine Schule des Glaubens. Dabei meint Glaube nicht, dass ich meine Augen vor dem Negativen verschließe und nur auf das Schöne schaue. Der Glaube, von dem Johannes spricht, ist die Kunst, im hinfälligen, entstellten, krank gewordenen, ja ermordeten Fleisch noch die Herrlichkeit Gottes zu sehen. Schönheit hat immer etwas mit Liebe zu tun. Indem ich in den Menschen, auch wenn sie nach außen hin entstellt sind, die Liebe erkenne, die sie treibt, schaue ich in ihnen auch Gottes Herrlichkeit und Schönheit. Die Schule des Glaubens gipfelt im Kreuz. Aber Johannes ruft uns in seinem ganzen Evangelium auf, gut zu sehen. Das beginnt bei der Berufung der Jünger. Die ersten beiden Jünger, die sehen wollen, wo Jesus wohnt, ruft er mit den Worten:

»Kommt und seht!«
Da gingen sie mit und sahen, wo er wohnte.
....
JOHANNES 1,39

Indem sie sehen, wo Jesus wohnt und wie er lebt, werden sie verwandelt, werden zu seinen Jüngern.

Jesus sieht Simon an, den sein Bruder Andreas zu ihm geführt hatte. Und Jesus erkennt in diesem Menschen nicht nur den Verräter, sondern auch den Fels. Jesus sieht das Wesen des Menschen. Das erklärt Johannes kurze Zeit später mit dem Wort:

Jesus brauchte von keinem ein Zeugnis über den Menschen;
denn er wusste, was im Menschen ist.

JOHANNES 2,25

Nicht nur Jesus fordert zum Sehen auf, sondern auch die Jünger mahnen sich gegenseitig, auf Jesus zu schauen. So sagt Philippus zu Natanael, der meint, aus Nazaret könne nichts Gutes kommen:

Komm und sieh!

JOHANNES 1,46

Natanael wird zum Glauben bewegt, weil Jesus ihn in seinem Innersten geschaut hat. Doch Jesus verheißt ihm:

Du wirst noch Größeres sehen. Und er sprach zu ihm: Amen, amen,
ich sage euch: Ihr werdet den Himmel geöffnet und die Engel Gottes
auf- und niedersteigen sehen über dem Menschensohn.

JOHANNES 1,50f

Jesus selbst lädt uns ein, die Dinge dieser Welt mit neuen Augen zu sehen. Dann erkennen wir in allem ein Symbol für unsere Beziehung zu Gott und zu Jesus Christus. Das wird deutlich, wenn Jesus sich selbst als die Tür und als den wahren Weinstock bezeichnet. Wenn wir mit offenen Augen auf den Weinstock schauen, erkennen wir, dass wir genauso mit Jesus verbunden sind wie die Reben mit dem Weinstock. Und wenn wir mit offenen Augen auf eine Tür sehen, erkennen wir in ihr das Geheimnis, dass Jesus uns die Tür öffnet: zum eigenen Herzen und zu Gott. Wenn wir mit Augen des Glaubens auf das Wasser schauen, erkennen wir in ihm etwas vom Geheimnis des Heiligen Geistes.

Die Passionserzählung beginnt Johannes mit einigen griechischen Pilgern, die zu Philippus kommen und sagen:

Herr, wir möchten Jesus sehen.

JOHANNES 12,21

Doch Jesus verweist sie auf das Weizenkorn:

Amen, amen, ich sage euch:
Wenn das Weizenkorn nicht in die Erde fällt und stirbt, bleibt es
allein; wenn es aber stirbt, bringt es reiche Frucht.

JOHANNES 12,24

Die Griechen möchten den Menschen Jesus sehen, weil sie von ihm gehört haben. Jesus zeigt ihnen, dass sie sein Geheimnis schauen können, wenn sie mit offenen Augen auf das Weizenkorn sehen. Darin erkennen sie, dass das Kreuz Jesu kein Gegensatz ist zu seiner Herrlichkeit, sondern dass gerade im Sterben die Herrlichkeit des neuen Lebens aufleuchtet. Die Passionserzählung endet mit dem Wort:

Sie werden auf den schauen, den sie durchbohrt haben.

JOHANNES 19,37

In dem Durchbohrten werden sie das schauen, was der Prophet Sacharja verheißen hat: Gott wird über Jerusalem

den Geist des Mitleids und des Gebets ausgießen.

SACHARJA 12,10

Und für die Einwohner Jerusalems wird

eine Quelle fließen zur Reinigung von Sünde und Unreinheit.
SACHARJA 13,1

Das Schauen auf den durchbohrten Jesus am Kreuz wird also zur Schau des Heils. Gottes Liebe wird aus dem Herzen Jesu ausströmen, um unsere verwundeten Herzen zu heilen und zu reinigen. Das Schauen will auch uns zur Liebe bewegen.

Auch hier leuchtet wieder das Paradox der johanneischen Sicht von Schönheit auf. Denn auf einen durchbohrten Menschen zu schauen, entspricht ja nicht unserem Ideal von Schönheit. Da sehen wir eher etwas Grausames. Aber ausgerechnet in diesem durchbohrten Menschen sollen die Menschen die Quelle der Liebe schauen, die aus dem geöffneten Herzen uns entgegenströmt. Und in diesem liebenden Herzen schauen sie die wahre Schönheit, die Schönheit von Gottes Liebe, die selbst das Leid noch in Schönheit verwandelt.

Das Schauen der Herrlichkeit des Gekreuzigten wird dann in der Auferstehung vollendet. Maria von Magdala verkündet den Jüngern nach der Begegnung mit dem Auferstandenen:

Ich habe den Herrn gesehen.
JOHANNES 20,18

Die Jünger, denen Jesus am Abend des Ostertages begegnet ist, geben ihre Erfahrung an Thomas, den Jünger, der bei der ersten Begegnung mit dem Auferstandenen nicht dabei war, mit den gleichen Worten weiter:

Wir haben den Herrn gesehen.
JOHANNES 20,25

Doch der Jünger Thomas begnügt sich nicht mit dem Sehen der anderen. Er möchte Jesus selbst sehen und seine Wunden berühren. Jesus erfüllt die Bitte des Thomas. Er zeigt ihm seine Wunden und lädt ihn ein, seine Finger hineinzulegen. Doch dann schließt die Ostergeschichte mit dem Satz:

Selig sind, die nicht sehen und doch glauben.
JOHANNES 20,29

Wir können nicht wie die Jünger den Auferstandenen leibhaft sehen. Wir können nur auf das Kreuz und das leere Grab schauen, auf den Weinstock und die Tür, auf die Quelle und den Brunnen, auf das Weizenkorn und das Brot. Wenn wir glauben, werden wir in allem etwas von der Herrlichkeit schauen, die in Jesu Tod am Kreuz aufgeleuchtet ist: die Herrlichkeit, die letztlich Liebe ist und alles verwandelt.

Wenn ich das Johannesevangelium als Herausforderung für meine Spiritualität meditiere, dann sehe ich vor allem die Aufgabe, die Herrlichkeit und Schönheit Gottes gerade auch in der eigenen Schwäche und Hinfälligkeit zu entdecken, in der Brüchigkeit und im Kreuz, das mich und meine Vorstellungen vom Leben immer wieder durchkreuzt. Gerade das Kreuz möchte mich aufbrechen für eine tiefere Schönheit, für die Schönheit meiner Seele. Und das Kreuz ist für mich die Einladung, auch im Schicksal der Menschen, die ich begleite und die mir oft ihre zerbrochenen Lebensträume und ihre eigene Brüchigkeit zeigen, etwas von der Herrlichkeit zu erkennen, die sich in einer Liebe ausdrückt, die stärker ist als der Tod.

Wenn ich in einem Menschen etwas von der Liebe entdecke, die sich auch durch den Tod nicht unterkriegen lässt, dann schaue ich das Geheimnis der Schönheit, von der Johannes spricht. Ich flüchte nicht in eine Welt schöner Ästhetik. Ich schaue auf die Realität meiner Welt, so wie sie ist, und erkenne trotzdem in ihr die Herrlichkeit Gottes, über die menschliche Gewalt und Grausamkeit keine Macht haben.

DIE SCHÖNHEIT DER SCHÖPFUNG

Die Bibel berichtet uns davon, dass Gott die Schöpfung schön gemacht hat. Und immer wieder wird in den Psalmen die Schönheit der Schöpfung gepriesen, in der Gottes Glanz aufleuchtet. Psalm 104 preist die Schöpfung und den Schöpfer, indem er alles ins Wort fasst, was das menschliche Auge in der Schöpfung erblickt. Der Psalm beginnt mit dem Vers:

> Lobe den Herrn, meine Seele!
> Herr, mein Gott, du bist gewaltig groß!
> Du hast dich bekleidet mit Hoheit und Pracht.

PSALM 104,1

Die Schönheit der Schöpfung ist gleichsam das Gewand, das Gott angezogen hat, um sich vor den Menschen zu zeigen. Und dann beschreibt der Psalm einfach, was ist:

> Du schickst Quellen aus in die Bäche,
> zwischen den Bergen eilen sie hin.
> Sie tränken alles Getier des Feldes,
> die Wildesel löschen ihren Durst.
> An ihnen nisten die Vögel des Himmels,
> sie lassen ihren Ruf ertönen aus dem Gezweig.

PSALM 104,10–12

Nachdem der Psalmist alle Wunder der Schöpfung aufgezählt hat, bricht er in Jubel aus:

Ewig währe die Herrlichkeit des Herrn,
es freue sich der Herr seiner Werke! ...
Singen will ich dem Herrn, solange ich lebe,
meinem Gott will ich spielen, solange ich bin.
Möge ihm mein Dichten gefallen!

PSALM 104,31.33f

Die Reaktion auf die Schönheit der Schöpfung ist die Freude, aber auch das Dichten. Unser menschliches Beschreiben und Dichten soll die Schönheit der Schöpfung zum Leuchten bringen.

Die Griechen haben für Schöpfung und Dichtung das gleiche Wort: *Poiesis*. Was Gott geschaffen hat, soll im menschlichen Wort neu geformt werden. Die Psalmen und Hymnen, mit denen wir Gott loben, sind Schöpfungen von Künstlern, die sich von Gottes Schönheit ergreifen ließen. Für die Griechen mussten die Künstler voll von Gottes Gegenwart sein, um schaffen zu können. Für Pindar ist die Hymnendichtung

ein unsterblich Bemühen des Menschen,
ihm zu Lehen gegeben von der Gottheit.

LÖHR 42

Die Voraussetzung für das Dichten der Hymnen ist das Ergriffensein von Gott, das »In-Gott-Sein« (En-thou-siasmos). Für Plato ist der Dichter

nicht eher imstande zu dichten,
als bis er Gottes voll und außer sich geraten ist.

LÖHR 37

Die Schönheit der Schöpfung soll sich also in der Schönheit unseres Lobens widerspiegeln. Es braucht die Kreativität von Menschen, die sich von Gottes Schönheit berühren lassen, um Gott angemessen loben zu können. Die Geschichte der christlichen Spiritualität ist voll von wunderbaren Dichtungen und Kompositionen, in denen Dichter und Musiker Gottes Schönheit für die Menschen aufleuchten und erklingen lassen. Es waren nicht immer fromme Dichter oder Musiker. Aber sie haben oft mehr verstanden von Gottes Schönheit als Christen, die ihre Gottesdienste als fromme Pflicht, aber ohne Sinn für Gottes Schönheit feiern.

Der Mensch antwortet auf die Schönheit der Schöpfung mit dem Lob des Schöpfers. Aber seine Antwort besteht auch darin, dass er selbst Schönes schaffen kann, nicht nur im Hymnus und im Lied, sondern auch in der Kunst und in seinem alltäglichen Tun. Wir selbst haben teil an der Schöpferkraft Gottes. Wir können Schönes herstellen. Wir können die Welt schöner gestalten. Das gilt nicht nur für die Kunst, sondern auch für unser alltägliches Tun. Wir schmücken unsere Häuser. Wir gestalten unsere Wohnung schön. Wir decken den Tisch mit Phantasie, sodass wir nicht nur die Speisen genießen, sondern auch die schöne Atmosphäre, in der wir essen. Wenn wir uns zu einer Feier zusammensetzen, dann gestalten wir den Raum schön.

Ich habe einmal einen Kurs für Hotelfachfrauen gehalten. Denen war es eine wichtige Aufgabe, es den Gästen schön zu machen, durch die schöne Gestaltung der Räume, aber auch durch die ganze Art und Weise, wie sie mit den Gästen umgehen. Jeder von uns begegnet nicht nur der schönen Schöpfung Gottes. Wir selbst werden täglich zu Schöpfern, die Schönes für sich selbst und für andere schaffen.

Der evangelische Theologe Rudolf Bohren hat in seiner theologischen Ästhetik *Dass Gott schön werde* vor allem auf die Schönheit der Schöpfung hingewiesen. Er zitiert den Theologen Claus Westermann, der die Formel für das Werk der Schöpfung »Und siehe, es war sehr gut« (Genesis 1,31) auslegt. Westermann meint, das hebräische Wort »tob« würde bedeuten: »zweckmäßig, schön, freundlich, recht, sittlich gut«. Schön hat immer auch die Bedeutung: »schön gemacht, schön für ...« (Bohren 94).

Bohren beschreibt dann das Überflüssige der Schöpfung. Es gibt so viele schöne Schmetterlinge, schöne Blumen, die über die biologischen Bedürfnisse hinausgehen. Gott hat Sinn für das Schöne. Die jüdische Dichterin Nelly Sachs fasst das in die schönen Worte:

> *Welch schönes Jenseits*
> *ist in deinen Staub gemalt.*
> ....
> BOHREN 97

In der Schönheit der Schöpfung sieht Nelly Sachs einen Widerschein des Jenseits, des Göttlichen. Bohren zitiert das Wort Jesu

> *Ihr seid das Licht der Welt.*
> ....
> MATTHÄUS 5,14

und meint dazu:

> *Eine Jüngerschaft, die von Blüte und Schmetterling nichts mehr weiß,*
> *verliert das Leichte des Lichts. Sie kann nicht mehr als Licht scheinen ...*
> *Wer nicht mehr staunt darüber, »welch schönes Jenseits« in den*
> *Staub des Schmetterlings gemalt, wird Schwere verbreiten, Schwermut*
> *produzieren.*
> ....
> BOHREN 98

Jesus hat uns aufgefordert, unseren Blick auf die Vögel und auf die Lilien des Feldes zu richten:

Selbst Salomo war in all seiner Pracht
nicht gekleidet wie eine von ihnen.

MATTHÄUS 6,29

In den Lilien schauen wir nicht nur die Schönheit der Schöpfung, sondern wir lernen von ihnen die Leichtigkeit des Seins. Wir lernen von ihnen, was Gnade ist, Anmut und Schönheit. Wir erkennen in der Schönheit der Lilien auch unsere eigene Schönheit. (Matthäus 5,26–30)

Einer, der diese staunende Betrachtung der Schönheit in der Schöpfung immer wieder ins Wort bringt, ist der Theologe Fridolin Stier, der auf einem Bauernhof im Allgäu aufgewachsen ist und daher von Kindheit an sehr tief mit der Natur verbunden war. In seinem Tagebuch erzählt er am 28. Juni 1968:

Am Wiesenrain, im Gras, sah ich, gerade vor mir, das kleine, runde Loch in der Erde, sah, wie eben noch halb versteckt, ein Ameisenlöwe hervorschoss, eine Ameise schnappte und sie über den feinsandigen Vorhof in seine Höhle schleppte. »Haben Sie das gesehen?«, fragte ich den Theologen, der neben mir saß. »Was gesehen?« – »Das da«, ich zeigte hin, »den Ameisenlöwen! Ich kann mir nicht helfen, wenn ich so etwas sehe, fällt mir Gott ein.« – »Gott? Was hat dieses Raubgeziefer mit Gott zu tun?« – »Das weiß ich nicht, aber etwas in mir lässt mich wissen, dass Gott etwas mit ihm zu tun hat.« – »Ach, Ihre komischen Gott-Einfälle! Schon wieder, es wird chronisch, kürzlich sind Sie vor einem Gänseblümchen stehen geblieben.« – »Denken Sie, ich stehe immer noch dort ...«

STIER 116

Während Stier staunend vor dem Gänseblümchen stehen bleibt und die Schönheit der Schöpfung betrachtet, geht der Theologe achtlos daran vorüber. Dieses achtlose Vorübergehen an der Schönheit der Schöpfung war letztlich der Grund für die Umweltzerstörung. Erst langsam erholen wir uns von dieser rein rationalen Sicht. Das staunende Bewundern der Schönheit in der Schöpfung führt zu einer neuen Beziehung zur Schöpfung und zu einem achtsamen Umgang mit ihr. Und es ist Ausdruck einer tiefen Frömmigkeit. Denn wenn wir die Schönheit der Schöpfung nicht wahrnehmen und sie preisen, nehmen wir letztlich Gott nicht wahr, der immer auch – wie Angelus Silesius im Anschluss an den hl. Augustinus dichtet – die »hochgelobte Schönheit« ist.

Die Schönheit der Welt ist für Fridolin Stier keine romantische, ästhetische Schönheit, sondern oft genug auch eine »schreckliche Schönheit«, von der Rilke spricht. Trotz aller Naturkatastrophen trägt diese Schönheit der Schöpfung durch. So zeigt es ein Fragment seiner Tageseintragungen vom 30. Juni 1970:

> Der Bauer (Ambros Diem) auf dem Sterbebett: »Weißt du, wenn ich daran denke: Sommerfrühe, Sense auf dem Buckel, Mostkrug in der Hand, hinaus, Sonne, glitzernder Tau im Gras, singende Vögel, Himmel und Wald ... Do hätt′ i denn oft grad juzga kenna!« Und: »Do hon e gmerkt, dass do no ebbes ischt.«
>
> ....
> STIER 121

Karl-Josef Kuschel sieht in diesem kleinen Zitat die ganze Spiritualität und Theologie Fridolin Stiers zusammengefasst:

> Im Bauer Ambros Diem ist die ganze Vergangenheit des Fridolin Stier mitporträtiert, seine Heimat, seine Liebe zu den Tieren und zu den

Landschaften. Im Dialektzitat (so selten bei Stier!) wird ein Stück hei-matlicher Wärme gerettet, ein Stück Geborgenheit, Verwachsenheit mit der Erde und der Landschaft. Hier hat Stier – versteckt hinter dem Bauern aus dem Oberschwäbischen – das Geheimnis seines Glaubens mit ausgeplaudert: ein Seinsvertrauen – trotz aller Krisenerfahrungen, eine Schöpfungsverliebtheit, trotz aller Katastrophen, eine Erfahrung des »Mehr« trotz und in aller Negativität.

STIER 121

Wenn man diese Erfahrungen Fridolin Stiers mit den Aussa-gen evangelischer Theologie zur Schönheit der Schöpfung ver-gleicht, so spürt man den Unterschied. Bei den meisten evan-gelischen Theologen hat man den Eindruck, dass die Schönheit der Schöpfung nur im Glauben an Jesus Christus richtig wahr-genommen werden kann. Man kann über die Schönheit der Schöpfung nicht sprechen, ohne sofort an die Schuld zu denken, die durch Christus getilgt wurde. Man warnt vor dem Genießen der schönen Schöpfung, weil sie zum Vergessen Jesu Christi füh-ren könnte.

Da ist mir die ursprüngliche Beziehung zur Natur, die in den Gedanken Stiers zum Ausdruck kommt, innerlich näher. Auch Stier spricht in seinen Aufzeichnungen immer wieder auch vom Leid, von der Dunkelheit und Abwesenheit Gottes, von der Un-begreiflichkeit Gottes. Aber wenn er in der Natur ist und die Wiesen betrachtet, durch die er wandert, ist er sich in diesem Augenblick seines Gottes gewiss. Freilich versteht er diesen Gott nicht, der auf der einen Seite diese wunderbare Landschaft ge-schaffen hat, auf der anderen Seite den jungen Familienvater an Krebs sterben lässt. Aber an Sünde und Schuld denkt er nicht, wenn er vor einem Gänseblümchen stehen bleibt, um seine Schönheit zu bewundern.

Viele Menschen erleben die Schönheit Gottes heute in der Natur und werden davon tief berührt. Als Beispiel soll nur der französische Komponist Claude Debussy zitiert werden. Er versteht sich nicht als praktizierender Christ. Aber er macht in der Natur Erfahrungen, die man nur als religiös bezeichnen kann:

> Vor einem bewegten Himmel, dessen wunderbare und unaufhörlich sich wandelnde Schönheiten ich stundenlang betrachte, erfasst mich eine unbeschreibliche Gefühlsbewegung. Die unermessliche Natur strahlt zurück in meine wahrheitshungrige, arme Seele. Hier sind die Bäume, die ihre Arme hoch in den Himmel recken, hier die duftenden Blumen, die in der Wiese lächeln, hier ist die Erde, gar lieblich geschmückt mit üppigen Kräutern. Und unmerklich falten sich die Hände zur Andacht. Fühlen, zu welch aufwühlenden und gewaltigen Schauspielen die Natur ihre vergänglichen und erschauernden Geschöpfe einlädt, das nenne ich beten.
>
> DEBUSSY 304

Viele spirituell suchende Menschen machen heute in der Natur ähnliche Erfahrungen. Als Christen und vor allem als Prediger werden wir die christliche Botschaft nur glaubhaft verkünden, wenn wir ähnliche Erfahrungen mit allen unseren Sinnen in der Natur machen. Und wir sollten die spirituelle Erfahrung in der Liturgie, in der Meditation, im Lesen der Bibel nicht gegen die Ergriffenheit ausspielen, die uns in der Natur erfasst. Beides gehört zusammen.

Wenn ich selbst durch die Natur wandere, dann freue ich mich an der Schönheit Gottes, die in der Natur sichtbar wird. Da denke ich nicht über die Erlösung nach. Vielmehr bin ich dankbar für die Wiesen, die ich betrachte, für den weiten Blick in die Landschaft, für die Berge, die aufragen, die Ruhe, die die Landschaft ausstrahlt. In dieser Schönheit der Landschaft begegne ich Gott. Da lasse ich mich einfach von Schönheit umfangen. Und ich spüre, wie das meiner Seele und meinem Leib guttut.

In der Natur fühle ich mich geborgen, weil sie nicht bewertet. Sie hat etwas Mütterliches an sich. Und in ihr erahne ich, dass Gottes Segen mich immer und überall einhüllt wie ein schützender Mantel. Die Schöpfung ist der große Segen Gottes für uns. Und wir sollten ihn dankbar genießen. Die Schuld des Menschen hat die Schönheit der Schöpfung nicht beeinträchtigt. Sie besteht nur darin, dass der Mensch die Schönheit der Schöpfung nicht wahrnimmt, dass er nicht staunend die Schönheit bewundert, sondern die Schöpfung für die eigenen Zwecke gebraucht und oft genug auch missbraucht. Aber die Schuld des Menschen kann die Schöpfung nicht zugrunde richten. Die Schöpfung ist stärker. Sie regt sich auch da immer wieder, wo Menschen gegen die Natur verstoßen. Gegenüber der ausbeuterischen Sicht der Natur braucht es die kontemplative Schau, um die Schönheit der Natur wahrzunehmen. Es braucht ein Auge, das fähig ist zu staunen, und ein offenes Herz. Dann tut die Schönheit der Schöpfung unserer Seele und unserem Leib gut.

Ich fühle mich nach einem ruhigen Spaziergang durch die Natur an einem sonnigen Tag im Mai innerlich erfrischt. Ich spüre, dass Schönheit heilend ist für mich. Wenn ich im Urlaub mit meinen Geschwistern in den Alpen wandere, genieße ich die Aussicht in die weite Landschaft, den Blick auf die wunderbaren Berge. Ich kann diesen Blick in aller Stille genießen. Ich lasse die Landschaft in mich eindringen wie ein Bild, das sich in mich »ein-bildet«. Und ich spüre, dass es schöne Bilder sind, die sich da in mich einbilden und mich mit der Schönheit in Berührung bringen, die auf dem Grund meiner Seele in mir bereitliegt, auch wenn sie oft von negativen Bildern überdeckt und verstellt ist.

DIE SCHÖNHEIT DER SPRACHE

Wenn ich die Schriften von Romano Guardini oder vom ehemaligen Papst Benedikt XVI. lese, habe ich das Empfinden: Das ist eine schöne Sprache. Bei den theologischen Schriften von Karl Rahner habe ich eher den Eindruck: Das ist eine komplizierte Sprache. In seinen Betrachtungen dagegen bewundere ich wieder seine schöne Sprache.

Was macht die Sprache schön? Ist es nur mein persönlicher Eindruck? Oder gibt es objektive Kriterien? Ich denke, eine Sprache ist schön, wenn sie klar ist und einfach, ohne banal zu sein, wenn sie das Geheimnis offen lässt, wenn sie nicht zu aufdringlich, zu laut, zu reißerisch ist, sondern dem, was ist, zum Ausdruck verhilft.

Philipp Harnoncourt, Professor für Liturgiewissenschaft in Graz, erzählte in seiner Laudatio zur Verleihung des Guardini-Preises an seinen Bruder Nikolaus, den großen Dirigenten, wie sehr er als Student die Sprache Guardinis bewundert hat. Die Frage ist, was an dieser Sprache so schön war. Harnoncourt meint:

Seine klare Gedankenführung, seine treffenden Formulierungen und sein Verzicht auf alle spektakulären Mätzchen. Als berührend habe ich sein immerwährendes Staunen über die unausmessbare Weite aller Wirklichkeit empfunden. Er hatte mit dem Herzen vernommen, was er weitergegeben hat.

ZUR DEBATTE 4/2012,2

Sprache ist also schön, wenn sie einfach ist, wenn sie ein Gespür für das Geheimnis hat, wenn sie den Dingen gerecht wird, über die sie spricht, und – wenn sie aus dem Herzen kommt.

DIE SCHÖNE SPRACHE FRIEDRICH HÖLDERLINS

Von den deutschen Dichtern sagt man, die schönste Sprache habe Friedrich J. C. Hölderlin gehabt. Ich möchte hier aber nicht die Sprache Hölderlins auf ihre Schönheit hin untersuchen, sondern seine eigene Haltung zur Schönheit betrachten, sein Bemühen, der Schönheit des Seins durch seine Sprache Ausdruck zu verleihen.

Charakteristisch für Hölderlins Verständnis des Schönen ist nämlich die Zusammengehörigkeit des Heiligen und des Schönen. Das Heilige ist immer auch das Schöne, das hat Hölderlin stets betont. Für ihn ist die Herrlichkeit die Einheit des Heiligen und des Schönen. Religion ist für ihn die Liebe der Schönheit. Heilig ist für Hölderlin nicht nur Gott, sondern alles, was seine Heiligkeit widerspiegelt, also die Natur, die Sonne, das Licht, die Sterne, das Tal, die Weinrebe. Und der Mensch ist heilig:

Denn es waltet ein Gott in uns.

HÖLDERLIN, DER ABSCHIED

Der Mensch schaut dieses Heilige und Schöne, wenn er in Berührung ist mit seiner Innigkeit. In der Innigkeit gibt sich der Mensch an das Wunder und Geheimnis des Seins hin, da erfährt er ein Berührtsein von Gott.

Hölderlin spricht von der

heiligen Ruhe im Innern, wo auch der leiseste Laut vernehmbar ist ...
da ist er uns so nahe, der Unsichtbare.

HÖLDERLIN, FRAGMENT VON HYPERION

Hölderlin versteht sein Dichterleben als priesterliches Sein. Als
Dichter braucht er innere Reinheit, um die Dinge in ihrer Schönheit und Klarheit so zum Ausdruck zu bringen, wie sie ihrem Wesen, dem reinen Sein, entsprechen. Sein Dichten versteht er als
Feier, vor allem aber als Dank, *herzlich zu danken für das, was da ist.*
Und seine Gedichte sind letztlich eine Art von Gebet. So möchte
ich aus dem Gedicht »*Gott der Jugend*« zitieren, in dem Hölderlin
das ausdrückt, worum es im Glauben geht:

Wird da, wo sich im Schönen
Das Göttliche verbirgt,
Noch oft das tiefe Sehnen
Der Liebe dir gestillt,
Belohnt des Herzens Mühen
Der Ruhe Vorgefühl,
Und tönt von Melodien
Der Seele Saitenspiel.

Es sind vier Aussagen, die Hölderlin hier vom Schönen macht:
  Zum einen verbirgt Gott sich im Schönen. Das Schöne ist also der Ort der Gegenwart Gottes in dieser Welt. Aber es braucht
den Glauben, um Gott in allem Schönen erkennen und schauen
zu können. Das Schöne wird für Hölderlin zum Ort der Gotteserfahrung.
  Die zweite Aussage ist: Im Schönen wird unsere Sehnsucht
nach Liebe gestillt. Das Schöne weckt nicht nur unsere Sehnsucht

nach Liebe. Es stillt sie auch. Im Schönen spüren wir die Liebe. Da begegnet uns Gottes Liebe. Aber alles Schöne ist auch in sich selbst voll von Liebe. Ein schöner Mensch spiegelt Liebe wider. Aber auch die schöne Landschaft, die schöne Blume sind von Liebe durchdrungen. Teilhard de Chardin spricht von Amorisation: Die ganze Materie ist von Liebe durchdrungen. In der Schönheit der Welt begegnet mir die Liebe als eine Macht, die stärker ist als der Tod, und als die Kraft, die meine tiefste Sehnsucht nach Glück und Heimat erfüllt.

Die dritte Aussage: Die Schönheit schenkt uns innere Ruhe. Im Schönen können wir ausruhen. Wir schauen das Schöne an und vergessen alle innere Unruhe. Das Schöne ist ein Zufluchtsort der Seele, an den sie sich immer wieder zurückziehen kann, um auszuruhen vom Lärm der Welt und auch von der Hektik und Unruhe, in der die Schönheit verloren geht.

Und schließlich, viertens, lässt das Schöne das Saitenspiel der Seele ertönen. Das meint wohl, dass die Schönheit, die wir außen wahrnehmen, uns mit der inneren Schönheit in Berührung bringt. Das Schöne bildet sich nicht nur in unsere Seele ein, sondern es erklingt auch in unserer Seele und bringt die Seele zum Klingen.

In seinen Gedichten will Hölderlin in uns die Sehnsucht nach dem Schönen und die Sehnsucht nach der Liebe wecken, um in allem, was wir betrachten, Gott selbst zu finden. Das ist letztlich das Geheimnis seiner schönen Sprache: dass er durch seine Sprache uns nicht nur Schönheit, sondern auch Liebe vermittelt. Nur *der* Schriftsteller hat letztlich eine schöne Sprache, der die Menschen liebt.

In der Sprache Hölderlins spüre ich seine tiefe Liebe zum Leben und zu den Menschen und sein Staunen über die Schönheit Gottes, wie sie in der Natur zum Ausdruck kommt. Durch die

Schönheit der Natur, die in Hölderlins Sprache erfahrbar wird, kommen wir mit der Liebe in Berührung, die auf dem Grund unserer Seele als Quelle sprudelt. Hölderlin drückt das in seinem Gedicht »An die Natur« so aus:

O Natur! An deiner Schönheit Lichte,
Ohne Müh und Zwang entfalteten
Sich der Liebe königliche Früchte,
Wie die Ernten in Arkadien.

In der Schönheit der Natur reifen in uns die Früchte der Liebe, die alle nähren, denen wir begegnen. Die Natur stellt keine Forderung nach Liebe. Sie lässt die Liebe in uns wachsen und reifen, sodass wir für andere zur Nahrung und zum Segen werden. Hölderlin trauert seiner Jugend nach, in der er sich mit allen Sinnen der Natur zuwandte und ihre Schönheit genoss. In der Natur fand er, wie es weiter im Gedicht heißt, »*eine Welt für meine Liebe*«. Und: »*Da umfingen goldne Tage mich.*«

DAS SPRACHEMPFINDEN PETER HANDKES

In einer etwas profaneren Weise hat in unserer Zeit der Kärntner Dichter Peter Handke von der Schönheit der Sprache geschrieben. Als 24-jähriger junger Dichter und Beatles-Fan war er zu einer Tagung der *Gruppe 47* eingeladen, die 1966 in Princeton, USA, stattfand.

Der junge, unbekannte Dichter meldete sich zu Wort. Er zielte mit seiner Kritik vor allem auf die neorealistischen Autoren, wie etwa Günter Grass oder den Literaturpapst Marcel Reich-Ranicki. Er meinte, dass die Form der gegenwärtigen deutschen Prosa fürchterlich konventionell sei, vor allem im Satzbau, in der Sprachgestik, dass ihr jegliche Reflexion fehle.

HÖLLER 42

Den arrivierten Schriftstellern warf er »Beschreibungsimpotenz« vor. Günter Grass und Marcel Reich-Ranicki haben ihm das nie verziehen. Grass wirft Handke Innerlichkeit und mimosenhafte Sprachempfindlichkeit vor.

Doch Handke ließ sich von dieser Kritik nicht beirren. Er meinte, eine Beschreibung, die ihren Namen verdient, müsse das Hintergründige, das Geheimnisvolle hinter allen Dingen aufzeigen und das Schöne aufstrahlen lassen. Es genüge nicht, nur die Dinge zu beschreiben; sie müsse sie reflektieren, meditieren, in den Grund der Dinge eindringen. Zu seinem Verständnis von Reflexion gehört es,

dass die Literatur mit der Sprache gemacht wird, und nicht mit den Dingen, die mit der Sprache beschrieben werden.

HÖLLER 43

Es geht ihm in seinem eigenen Bemühen darum, nicht nur die Dinge zu beschreiben, sondern das, was hinter den Dingen ist. Er will das, was die Dinge uns sagen, ins Wort heben. Er selbst fasst das später einmal folgendermaßen zusammen:

Ich bin, mich bemühend um die Formen für meine Wahrheit, auf Schönheit aus – auf die erschütternde Schönheit, auf Erschütterung durch Schönheit; ja auf Klassisches, Universales.

HÖLLER 82

Handke schreibt so, dass die Schönheit, die in den Dingen liegt, die Menschen berührt, aber nicht einlullt, sondern erschüttert. Die Schönheit erschüttert unsere übliche Denkweise. Sie schafft einen inneren Aufruhr in unserer Seele, damit wir die Augen öffnen und die Welt so anschauen, wie sie in Wirklichkeit ist, in ihrer abgründigen Schönheit.

Für Handke geht es nicht nur darum, die Dinge richtig zu beschreiben, sondern die Realität der Welt mit den inneren Bildern des Menschen, mit seinen Träumen zu verbinden. Daher spricht er vom Inbild oder Innenbild, das in ihm ist und das er mit der Wirklichkeit verbindet, um so die Wirklichkeit in ihrer Wahrheit zu entdecken. So beschreibt er seine Aufgabe als Schriftsteller:

Was meine Bemühung und meine Mühsal ist und zugleich meine Freude, das ist ja nichts, als mit der Sprache, mit einer möglichst klaren und reinen Sprache, dem, was ich sehe und zugleich tief erlebe, zu entsprechen.

HANDKE, ABER ICH LEBE NUR 31

Die reine und klare Sprache wird einem nicht geschenkt. Man muss ständig um sie ringen, gleichsam nach dem Schlüssel suchen, der einem das, was in den Dingen verborgen liegt, aufschließt und offenbar macht. Die Sprache soll dem Sein entsprechen, das Sein zur Sprache bringen.

LITERARISCHE SPRACHE UND PREDIGTSPRACHE

Ich vermisse heute bei vielen Predigten und bei der Gestaltung von Gottesdiensten die Achtsamkeit für die Sprache. Da spürt man oft nicht mehr das Bemühen um die Schönheit. Wenn aber die Sprache nicht schön ist, wenn sie nicht von Liebe durchdrungen ist und wenn sie kein Gespür hat für das Hintergründige aller Dinge, kann Gott in dieser Sprache nicht hörbar werden. Dann wird die Schönheit nicht vermittelt, sondern verstellt. Gott wird verdunkelt durch eine zu fromme und überladene Sprache, aber auch durch eine banale Sprache, die über Gott spricht, als ob er ein Objekt wäre, über das die Medien eine Nachricht verbreiten könnten. Die euphorische Sprache, die ständig von der Schönheit Gottes schwärmt, verstellt Gottes wahre Schönheit genauso wie eine rein rationale und intellektuelle Sprache.

Niemand hat von sich aus eine schöne Sprache. Es braucht ein ständiges Sichmühen um eine Sprache, die schön ist und einfach, klar und selbstlos. Um eine Sprache, die das, was ist, zum Klingen bringt, eine Sprache, die von Liebe erfüllt ist und nicht von dem Bestreben, sich selbst interessant zu machen, sich selbst in den Mittelpunkt zu stellen.

Schön ist die Sprache nach Hölderlin nur, wenn sie die Sehnsucht nach Liebe stillt. Und nach Handke gewinnt die Sprache an Schönheit, wenn sie das Hintergründige anklingen lässt, das in allen Dingen ist, die wir beschreiben.

Die Sprache im Gottesdienst, in der Predigt braucht das Gespür für das Geheimnis. Sie soll von Gott nicht sprechen, als ob sie genau Bescheid wüsste. Die Kunst besteht vielmehr darin, durch unser Sprechen das Geheimnis offen zu halten und die Menschen mit dem Geheimnis ihrer eigenen Seele in Berührung zu bringen. Und es geht darum, eine Sprache zu sprechen, die die Menschen mit der Schönheit und Liebe in Kontakt bringt, die auf dem Grund ihrer Seele schon da sind, die aber immer wieder – durch Worte – ins Bewusstsein gehoben werden müssen.

DIE SCHÖNHEIT DER MUSIK

Über die Schönheit der Musik haben schon die Griechen der Antike nachgedacht. Der eigentliche Sinn, mit dem sie die Schönheit wahrnahmen, war das Schauen. Aber auch das Hören ist auf Schönes hin ausgelegt. Es war vor allem der Philosoph und Mathematiker Pythagoras, der die Schönheit mit dem Hören verband. Er hat über die Schönheit der Musik geschrieben. Für ihn ist die Zahl das Grundprinzip aller Dinge:

> Alle Dinge existieren, weil sie eine Ordnung haben, und sie sind geordnet, weil sich in ihnen mathematische Regeln realisieren, die zugleich Bedingung für die Existenz von Schönheit sind.
>
> ECO 61

So untersucht Pythagoras die Proportionen der Intervalle und die mathematische Beziehung der Töne untereinander.

Boethius, der christliche Philosoph, hat das Wissen des Pythagoras um die musikalische Harmonie als Ausdruck der Schönheit dem Mittelalter überliefert. Er meint, dass für die Pythagoräer die unterschiedlichen Tonarten verschieden auf die Psyche des Menschen wirken. Sie kennen harte und maßvolle, weiche und laszive Rhythmen. Boethius erzählt:

> Pythagoras hatte einen betrunkenen jungen Mann mit einer Melodie in hypophrygischer Tonart und spondäischem Rhythmus beruhigt und

wieder zu sich gebracht (da die phrygische Tonart ihn übererregte).
Die Pythagoräer ließen sich von bestimmten getragenen Melodien in
den Schlaf wiegen, um die Unruhe des Tages zu besänftigen; beim
Aufwachen schüttelten sie die Benommenheit durch andere Modula-
tionen ab.

ECO 63

Boethius meint, niemand könne sich der Ergötzlichkeit einer süßen Melodie entziehen. Und er bestätigt die Ansicht des Platon,

dass die Weltseele aus einer musikalischen Harmonie bestehe.

ECO 62

Für Platon ist daher die Erziehung durch Musik für den jungen
Menschen heilsam,

weil der Rhythmus und die Harmonie am meisten in das Innerste der
Seele dringen und am stärksten sie erfassen und Anstand bringen und
anständig machen.

O'DONOHUE, LANDSCHAFT DER SEELE 90

Im Mittelalter übernimmt Scotus Eriugena diese Sicht. Er spricht
von der musikalischen Schönheit der Welt und

von der Schönheit der Schöpfung als Zusammenspiel des Ähnlichen
und Unähnlichen in einer Harmonie, in der die einzelnen Töne für sich
nichtssagend sind, während sie, zu einem einzigen Konzert vereint, einen natürlichen Wohlklang bilden.

ECO 83

Was die Griechen und das Mittelalter über die Schönheit der
Musik geschrieben haben, die die Proportionen dieser Welt ab-

bildet, das hat Johann Sebastian Bach in seiner Musik verwirklicht. Er möchte durch seine Musik die vorgegebene Ordnung der Schöpfung zum Ausdruck bringen und auf diese Weise den Menschen mit seinem Urbild, dem Ebenbild Gottes, in Berührung bringen. Das hat eine heilende Wirkung auf den Menschen. Es vertreibt seinen Kummer und erfüllt ihn mit Freude. Bach hat auch die grausame Passion Jesu in schöne Töne gesetzt. Durch die Schönheit der Passionsmusik verwandelt er das Grausame in etwas Heilendes, das Hässliche in etwas Schönes. Und durch die Musik wird die Passion Jesu zum Ausdruck seiner Liebe, so wie es die Sopranarie in der Matthäuspassion besingt: »Aus Liebe will mein Heiland sterben.« So kann die Matthäuspassion dann auch mit einem Choral enden, der einem Wiegenlied gleicht.

Joseph Haydn hat bewusst eine »schöne« Musik geschrieben. Er hat in seinem Oratorium Die Schöpfung die Schönheit der Schöpfung durch die schöne Musik zum Ausdruck gebracht. Wie Bach hat er auch die Passion Jesu durch eine schöne Musik gedeutet und dadurch das Grausame der Passion verwandelt.

Schon oft habe ich zur wunderbaren Musik Die sieben letzten Worte unseres Erlösers am Kreuz die Meditationen gesprochen. In dieser Musik wird der tiefe Glaube des Komponisten hörbar. Durch die schöne Musik werden die Worte Jesu Ausdruck seiner Liebe zu uns und Ausdruck unserer Hoffnung, dass auch unser eigenes Sterben in Gottes Liebe hinein geschieht. Durch die Musik wird selbst der Schrei Jesu am Kreuz – »Mein Gott, mein Gott, warum hast du mich verlassen?« – verwandelt in ein tiefes Vertrauen, dass all unsere Verzweiflung aufgehoben ist in Gottes Erbarmen. Und die letzten Worte Jesu im Lukasevangelium – »Vater, in deine Hände empfehle ich meinen Geist« – werden vom Streichquartett in einer so zarten und schönen Melodie gespielt, dass man die Liebe zwischen Vater und Sohn in seinem Herzen spürt. Die Musik Haydns verwandelt das Grausame des Todes in etwas Schönes. Es ist schön, sich mit Jesus in Gottes zärtliche Hände fallen zu lassen.

Wir empfinden heute Mozarts Musik als schön. Karl Barth, der große evangelische Theologe, meinte, die Musik Mozarts gehöre in die Theologie, und zwar in die Theologie der Schöpfung. Denn in seiner Musik erklingt etwas von der guten und schönen Schöpfung. Hans Urs von Balthasar sieht in Mozart

> die endgültige, allen Abschied überholende Offenbarung der ewigen Schönheit in einem echten irdischen Leib.
>
> ZSOK 129f

Und der russische Komponist Peter Tschaikowsky schreibt über Mozart:

> Mozart war rein wie ein Engel, und seine Musik ist reich an göttlicher Schönheit.
>
> ZSOK 298

Mozart wollte bewusst eine schöne Musik schreiben. Aber seine Musik will uns keine heile Welt vor Augen halten. Durch die Schönheit der Musik wollte er vielmehr alles verwandeln, was im Menschen ist: das Traurige, die Enttäuschung, den Schmerz und auch das Böse. So meint er, selbst bei bösen Menschen müsse man ihre Arien – wie etwa in der Entführung aus dem Serail beim Haremswärter Osmin – in schöne Töne setzen. Mozart schreibt selbst an seinen Vater:

> Weil aber die Leidenschaften, heftig oder nicht, niemals bis zum Ekel ausgedrückt sein müssen, und die Musik, auch in der schaudervollsten Lage, das Ohr niemals beleidigen, sondern doch dabei vergnügen muss,

folglich allzeit Musik bleiben muss, so habe ich keinen fremden Ton
zum F (zum Ton der Arie), sondern einen befreundeten dazu, aber
nicht den Nächsten D minor, sondern den weiteren A minor, gewählt.

ZSOK 150

Indem auch die Arie eines bösen Menschen in schönen Tönen erklingt, wird das Böse verwandelt und letztlich entmachtet. Wenn
selbst böse Menschen schöne Melodien singen, verliert das Böse seine Macht über sie. Es wird aufgehoben in einer Liebe, die
größer ist als alles Leid und alles Böse. Das ist eine optimistische
Theologie. In der Musik Mozarts wird Wirklichkeit, was Dostojewski meinte mit seinem Satz: »Schönheit wird die Welt retten.«
Der Komponist Hans Werner Henze fragt sich, was in der Musik
Mozarts zum Ausdruck kommt. Und er gibt die Antwort:

Es ist der antike Triumph der Schönheit über das Unzulängliche, da
das Unerreichbare erreichbar wurde, Vollkommenheit sich über das
Leben erhebt.

WALTER 42

Ich erfreue mich daran, im Auto bei meinen weiten Fahrten zu
den Vorträgen Musik zu hören. Ich höre oft Bachkantaten, aber
zwischendurch auch Instrumentalmusik von Mozart oder auch
seine Opern. Ich spüre dann, wie die Musik die negativen Gedanken und Gefühle in mir vertreibt und mich mit einer fröhlichen
und vertrauensvollen Stimmung erfüllt.

Gerne höre ich mir auch die Kirchenmusik von Mozart an.
Wenn ich etwa die Krönungsmesse höre, dann werde ich tief
berührt von der Schönheit des »*Benedictus qui venit*«. Da spüre
ich, wie das Kommen Jesu in der Eucharistie für den Komponisten etwas Schönes ist, das seine tiefste Sehnsucht nach Leben
und Liebe erfüllt.

Für das *Agnus Dei* hat Mozart die gleiche Melodie verwendet wie für die Arie der Gräfin in der Hochzeit des Figaro. Die Gräfin singt in dieser Arie ihre Liebe so innig aus, dass es nicht nur die Liebe zu ihrem Mann ist, sondern dass sie die Liebe selbst zum Ausdruck bringt, in ihrem wahren Wesen. Im *Agnus Dei* hat Mozart die Liebe Jesu gespürt, die unsere Sünden hinwegträgt und uns mit einem tiefen Frieden erfüllt. Da werden Schönheit und Liebe hörbar.

Manche meinen, Mozart hätte die Kirchenmusik nur aus Pflicht komponiert, quasi auf Bestellung seiner kirchlichen Auftraggeber, die in der Lage waren, finanziellen Druck auf ihn auszuüben. Doch wenn ich die von ihm komponierten Messen höre, dann spüre ich, wie tief ergriffen er von dem war, was er vertonte. Und mir begegnet in dieser schönen Musik eine Spiritualität, die das Wesen des Christlichen erfasst hat: dass in Jesus Gottes Liebe für uns sichtbar und erfahrbar geworden ist, dass Eucharistie die Ankunft dieser Liebe in unseren Herzen ist und dass diese Liebe zugleich Schönheit ist, unsere Seele schön macht. Damit zeigt Mozart eine tiefe Spiritualität. Viel tiefer als alle Erklärungen der Eucharistie mit frommen Worten, denen aber das Wesen verschlossen bleibt. Mozart begreift und macht begreiflich, dass in der Eucharistie die Liebe Jesu immer wieder bei uns ankommt, um unsere Herzen mit seiner Liebe zu erfüllen und zu verwandeln. Jener Liebe, die in seiner Hingabe am Kreuz für uns am klarsten aufgeleuchtet ist.

Die Schönheit der Inkarnation kommt für mich in vollendeter Weise zum Ausdruck in dem »*Et incarnatus est*« aus der c-moll-Messe. Es ist eine Schönheit, die Himmel und Erde, Gott und Mensch miteinander verbindet.

Der irische Dichter John O'Donohue nennt die Musik

eines der schönsten Geschenke, die der Mensch der Erde brachte.
In wahrhaft großer Musik findet die uralte Sehnsucht der Erde eine
Stimme ... Sie ist vielleicht diejenige Kunst, die uns dem Ewigen am
nächsten bringt, weil sie unser Zeiterleben unmittelbar und unumkehr-
bar verändert. Wenn wir schöner Musik lauschen, treten wir in die
zeitliche Dimension der Ewigkeit ein.

O'DONOHUE, LANDSCHAFT DER SEELE 93

Die Musik verbindet uns mit der Erde, lässt – wie es schon Pythagoras meinte – die alte Sphärenmusik, die schon immer auf der
Erde ertönte, auf neue Weise erklingen. Aber zugleich ist die Musik ein Tor zum Himmel. Wir sprechen nicht umsonst von himm-
lischer Musik, von Musik, die uns verzaubert, die uns durch ihre
Schönheit fasziniert und uns eine Ahnung vom Himmel schenkt.
O'Donohue drückt das so aus:

Wenn man der Musik wahrhaftig lauscht, löst man sich von dieser
Welt und betritt eine andere Welt. Im Schutz der Musik rücken Dinge
in die Bereiche des Möglichen, die man im Alltag niemals spüren oder
wahrnehmen würde ... Die Musik vermittelt uns tiefe Geborgenheit,
die uns in manchen Zeiten inniger umfangen und tiefer berühren kann
als ein geliebter Mensch.

O'DONOHUE, LANDSCHAFT DER SEELE 90

Dass schöne Musik heilsam ist nicht nur für unsere Ohren, sondern auch für unsere Seele und unseren Leib, das haben inzwischen viele psychologische Untersuchungen bestätigt. Doch mir
hilft da nicht die Untersuchung weiter. Wenn ich mich ganz auf
die Musik einer Bachkantate oder einer Mozart-Symphonie ein-
lasse, dann vergesse ich alle Begründungen für die heilsame Wir-

kung schöner Musik. Ich überlasse mich einfach der Musik. Ich lasse mich in sie hineinfallen, und ich lasse zugleich die Musik in mich eindringen. Dann spüre ich, wie sie mir guttut. Sie befreit mich von allem Kreisen um mich selbst und meine Probleme. Indem ich schöne Musik höre, kann ich mich selbst vergessen, und meine Seele taucht ein in die Schönheit. Sie ist die Verheißung, dass mein ganzes Leben, so zerrissen und bruchstückhaft es momentan sein mag, eins wird, aufgehoben in der göttlichen Schönheit.

DIE SCHÖNHEIT DER
DARSTELLENDEN KUNST

Platon versteht die Kunst als Nachahmung der Natur. Dabei versucht die Kunst, die Ideen Gottes, die in der Natur oft nur unvollkommen Gestalt geworden sind, als vollkommene Idee zu schaffen. Aristoteles sieht die Kunst etwas anders. Für ihn vollendet die Kunst das, was in der Natur noch unvollendet geblieben ist. Das deutsche Wort »Kunst« kommt von »können«. Es zielt also vor allem auf die Fertigkeit, die Gott dem Menschen geschenkt hat. In der philosophischen Tradition unterscheidet man das Naturschöne und das Kunstschöne. Die Kunst hat die Aufgabe, Schönes zu schaffen. Sie ist ihr von Gott geschenkt als Fähigkeit, an der Schöpferkraft Gottes teilzuhaben und die Schönheit Gottes im Kunstwerk auszudrücken.

Wir bewundern nicht nur die Schönheit der Schöpfung. Der Mensch ist selbst fähig, Schönes zu schaffen. Sein Schaffen ist dabei nicht gegen die Natur gerichtet, sondern er greift Elemente der Natur auf, um ihre wahre Schönheit noch mehr und noch klarer zum Ausdruck zu bringen. Das gilt nicht nur von der Schönheit der Menschen, sondern auch von der Schönheit einer Landschaft oder eines Stillebens, in dem die wahre Schönheit einer Vase, eines Apfels aufstrahlt.

DIE SCHÖNHEIT
IN DER ARCHITEKTUR

In unserem Kloster sind wir ständig dabei, zu bauen oder zu renovieren. Für mich als Cellerar, als wirtschaftlicher Leiter des Klosters, ist es wichtig, dass wir nicht zu teuer bauen, dass wir nicht mit protzigen Bauten angeben. Aber es braucht eine Kultur des Bauens. Ich bin froh über zwei Architekten, mit denen wir zusammenarbeiten und die einen Sinn für das Schöne haben. Wenn Räume schön geworden sind, dann tun sie auch den Menschen gut. Ich erlebe das, wenn ich durch Klöster gehe, die entweder heruntergekommen sind oder vom Stil her wenig ansprechen. Die Atmosphäre, die ein Bau ausübt, kann auf uns heilend oder krankmachend wirken, niederdrückend oder erhebend. Oft sind wir blind für die Ausstrahlung, die unsere Räume haben. Wir stellen sie manchmal voll und merken gar nicht, wie wir uns damit selbst einengen. Manchmal ist keine Klarheit in den Formen.

In seinem Buch *Die Unwirtlichkeit unserer Städte* (1965) beklagte Alexander Mitscherlich die Art und Weise, wie man in Deutschland und anderswo in den Sechzigerjahren Städtebau betrieb. Er meinte, die alten Städte hätten ein Herz gehabt. (Mitscherlich 19) Sie hätten eine mütterliche Geborgenheit vermittelt:

> *Die Stadt wird zur tröstlichen Umhüllung in Stunden der Verzweiflung und zur strahlenden Szenerie in festlichen Tagen.*
> MITSCHERLICH 31

Doch die heutigen Städte sind unwirtlich und herzlos. Das macht etwas mit den Menschen, die darin wohnen. Sie werden innerlich niedergedrückt, und sie werden gleichgeschaltet. Es umgibt sie nicht Schönheit und Sinn, sondern Leere und Funktionalität. Das wirkt sich auf die Menschen aus, die das Gefühl bekommen, das Wichtigste am Menschen sei, dass er funktioniere. Mitscherlich beklagt die Bauweise in den USA. Er spricht von einer Homogenisierung der Wohneinheiten und zugleich der Menschen,

die einen ganzen Kontinent höchst disponibel und grandios langweilig macht.

MITSCHERLICH 34

Wenn die Städte phantasielos und nur funktional gebaut werden, gehen Kultur, Heimat und Zuhausesein verloren. Die Art und Weise, wie wir Städte planen und bauen, wirkt sich auf die Menschen aus.

Mitscherlichs Ruf ist nicht ungehört verhallt. Heute entwickeln viele Menschen mehr Phantasie, um ihren Städten wieder ein Herz zu geben.

Der irische Schriftsteller John O'Donohue übersetzt das griechische Wort »architekton« mit »Weben einer höheren Ordnung«. Und er meint, in der Architektur stecke

der Wunsch, in Schönheit zu wohnen.

O'DONOHUE, SCHÖNHEIT 164

Die Architektur erfüllt diese Sehnsucht, in Schönheit zu wohnen, indem sie die innere Ordnung der Natur widerspiegelt. Wir spüren in einem Gebäude, ob es etwas von dieser inneren Ordnung aufzeigt. Wir fühlen uns wohl und wirklich zu Hause, wenn das Haus harmonisches Ebenmaß besitzt und den Rhythmus der Natur zeigt.

Goethe nennt die Architektur »*eine verstummte Tonkunst*« (O'Donohue, Schönheit 165). In ihr erklingt eine Melodie, die der Natur innewohnt und die der Seele der Menschen, die darin wohnen, guttut, die das Schöne in sie eindringen lässt. Hässliche Bauten und eine hässliche städtische Umgebung schwächen dagegen die Seele und schädigen sie. (O'Donohue, Schönheit 68)

Nach Ernst Bloch sind die Bauten eines guten Architekten gebaute Hoffnung: Hoffnung auf Schönheit, Hoffnung auf Heimat. Nur wenn ein Bauwerk Hoffnung atmet, ist es wertvoll und tut dem Menschen gut.

Die Frage ist jedoch: Was ist schön in der Architektur? Schönheit ist auch hier sicher nicht nur ein subjektives Urteil. Wenn ein Raum zum Beispiel nach dem Goldenen Schnitt gestaltet ist, dann ist er – merkwürdigerweise – schön. Es gibt tatsächlich objektive Strukturen und Formen, die einem Bau Schönheit verleihen. Allerdings braucht es auch Architekten, die einen Sinn für das Schöne haben, die ein Gespür haben, wie Klarheit, Schönheit, Einfachheit sichtbar werden können.

In den Gesprächen mit unseren Architekten im Kloster wurde mir klar, dass Schönheit nicht einfach ein subjektives Gefühl ist. Sie entsteht vielmehr, wenn eine Idee in der äußeren Form des Bauwerkes sichtbar wird. Es braucht das Nachdenken und Meditieren darüber, was wir in der Architektur darstellen wollen.

Schönheit ist etwas Geistiges. Und es braucht Geist und Gespür dafür, dass Gott durch die äußeren Dinge zu uns spricht. Gott selbst ist Künstler, der die Welt kunstvoll gestaltet hat. Die Baumeister des Mittelalters haben die Welt Gottes auf neue Weise darstellen wollen. Sie haben die Materialien benutzt, die Gott ihnen schenkte: Stein, Holz, Gold und die verschiedensten Farben, um damit Aussagen zu machen über unsere Beziehung zu Gott. Die Romanik hat die Kirchen als Mutterschoß dargestellt. Die schlichte Schönheit der romanischen Kirchen lädt uns ein, uns in Gott geborgen zu fühlen wie in einem mütterlichen Raum. Die Gotik hat die Erhabenheit Gottes dargestellt und die Weite des menschlichen Herzens, das zu Gott erhoben werden möchte, um das Geheimnis Gottes zu erahnen. Die Barockzeit hat in ihren Kirchen die Fülle des Lebens zum Ausdruck gebracht. Die Schönheit wird in der Architektur und Farbigkeit der Kirchen sichtbar.

Jede Kirche, die in sich stimmig ist, die eine Idee angemessen zum Ausdruck bringt, ist schön. Und wenn sie schön ist, wirkt sie heilsam auf uns. Wir fühlen uns in einer schönen Kirche daheim. Wir nehmen gerne in ihr Platz und kommen in Berührung mit der Schönheit unserer Seele und mit der Schönheit unseres Leibes.

DIE VERWANDLUNGSKRAFT SCHÖNER BILDER

Was für die Architektur gilt, das gilt auch für die Malerei. Ich selbst kann die Gesetze kaum erkennen, die ein Bild schön werden lassen. In der modernen Malerei gibt es da sicher auch andere Gesetze und Tendenzen als früher. Aber wenn ich die Bilder von Fra Angelico anschaue, dann strahlt mir da einfach Schönheit entgegen. Oder wenn ich die Marienbilder von Martin Schongauer betrachte, bin ich fasziniert von der Schönheit dieser Bilder. Ich könnte lange vor diesen Bildern verweilen. Und ich spüre, wie es mir guttut, diese Bilder auf mich wirken zu lassen.

Ich weiß von sensiblen Menschen, für die es eine tiefe spirituelle Erfahrung ist, sich vor ein schönes Bild zu setzen. Ein Priester erzählte mir, wie heilsam es für ihn sei, sich zwei Stunden lang vor die Madonna von Matthias Grünewald in Stuppach zu setzen und einfach die Schönheit zu genießen. Mitten in seinem Alltag braucht er solche Momente der Schönheit, um mit sich selbst in Berührung zu kommen und sich nicht vom Betrieb einer Pfarrei überrollen zu lassen.

Wie die Schönheit der Bilder zu heilen und den Menschen zu verwandeln vermag, ist mir beim Lesen von Peter Handkes Buch *Die Lehre der Sainte-Victoire* aufgegangen. Dort beschäftigt sich Handke immer wieder mit den Bildern von Paul Cézanne. Handke meint, Cézanne ginge es um

> *die Verwirklichung des reinen, schuldlosen Irdischen:*
> *des Apfels, des Felsens, eines menschlichen Gesichts.*
> HANDKE, SAINT-VICTOIRE 21

Wenn der Maler diese reine Form erreicht, dann vermitteln seine Bilder *»Sein im Frieden«* (Handke, Saint-Victoire 21). Bei einem Bild von Cézanne reagiert Handke mit den Worten:

> *Das Bild fängt zu zittern an ...*
> *Eine Befreiung, dass ich jemanden loben und preisen kann.*
> HANDKE, SAINT-VICTOIRE 36

Wenn wir von einem Bild so fasziniert sind wie der Autor in diesem Buch, dann bewirkt das Bild in uns innere Befreiung. Und wir fühlen in uns den Drang, jemanden zu loben und zu preisen. Letztlich ist es Gott, dem unser Lob gilt. Doch das würde Handke nicht so ausdrücklich sagen.

Eine andere Wirkung schöner Bilder ist, dass »*das gute Ich*« sich daran aufrichten kann. (Handke, Saint-Victoire 80) Handke selbst bezeichnet sich nicht als gläubig, weder als Kind noch als Erwachsener. Doch er sieht in sich etwas Ähnliches wie den Glauben:

Aber hatte es nicht schon ganz früh ein Bild der Bilder für mich gegeben?

HANDKE, SAINT-VICTOIRE 83

Und dann erzählt er von seiner Erfahrung als Kind in der Kirche:

Dieses Bild war ein Ding, in einem bestimmten Behältnis, in einem großen Raum. Der Raum war die Pfarrkirche, das Ding war der Kelch mit den weißen Oblaten, die geweiht Hostien heißen, und sein Behältnis war der in den Altar eingelassene, wie eine Drehtür zu öffnende und zu schließende vergoldete Tabernakel. – Dieses sogenannte »Allerheiligste« war mir seinerzeit das Allerwirklichste.

HANDKE, SAINT-VICTOIRE 83

Wenn die Kommunion ausgeteilt worden war, wurde der Kelch mit den Hostien wieder in den Tabernakel zurückgestellt. Und dann drehte der Pfarrer den Tabernakel zu. Dieser Vorgang wird für Handke zu einem Bild für die Bilder Paul Cézannes:

Und so sehe ich jetzt auch Cézannes »Verwirklichungen« (nur dass ich mich davor aufrichte, statt niederzuknien): Verwandlung und Bergung der Dinge in Gefahr – nicht in einer religiösen Zeremonie, sondern in der Glaubensform, die des Malers Geheimnis war.

HANDKE, SAINT-VICTOIRE 84

Die Aufgabe des Malers – so könnte man aus diesem Text schließen – ist die der Verwandlung der Wirklichkeit. So wie über das Brot die Wandlungsworte gesprochen werden und das Brot zum Leib Christi wird, so sollen die Dinge, die der Maler darstellt, unter seinen Händen sich wandeln und das Eigentliche, die tiefste Wirklichkeit, das Geheimnis hinter allen Dingen, aufleuchten lassen. Die Aufgabe des Künstlers ist es, die Dinge in Gefahr zu bergen. Wenn wir nur achtlos mit den Dingen umgehen, dann sind sie in Gefahr, zu reinen Gebrauchsgütern zu werden. Wir verlieren den Blick für die Schönheit der Dinge. Das schadet nicht nur uns, sondern auch den Dingen.

Hier hat Peter Handke das Wort Dostojewskis – »Schönheit wird die Welt retten« – auf eine ganz besonders eigenartige Weise interpretiert. Die Schönheit rettet die Dinge, die in Gefahr sind, missachtet zu werden, mit Füßen getreten oder banalisiert zu werden. Die Schönheit bewahrt die Dinge davor, dass sie der reinen Nützlichkeit untergeordnet werden.

Wenn die Rettung der Dinge durch die Kunst geschieht, dann hat das auch eine verwandelnde Wirkung auf den Menschen. Aber hier ist es nicht das Niederknien, sondern das Aufrichten. Der Mensch entdeckt im Schauen auf die Schönheit der Dinge seine eigene Würde. Und so richtet er sich auf. Er braucht nicht den Appell, sondern er richtet sich von alleine auf.

Rainer Maria Rilke sieht weniger den Verwandlungsaspekt der Kunst als vielmehr den Aufruf, sich zu ändern. Als er den Torso des Apollo sah, spürte er in sich den Appell, sein Leben zu ändern. Er empfindet, dass dieser Torso glüht wie ein Kandelaber und flimmert wie ein Raubtierfell. Ein Stern leuchtet ihm daraus entgegen. Und so schließt er das Gedicht:

Denn da ist keine Stelle, die dich nicht sieht.
Du musst dein Leben ändern.

RILKE, ARCHAÏSCHER TORSO APOLLOS

Der Dichter betrachtet den Torso nicht als Zuschauer. Vielmehr schaut der Torso ihn selbst an. Und dieser Blick, der den Menschen aus der Statue trifft, ruft ihn dazu auf, sein Leben zu ändern. Wenn es diese Schönheit des Leibes gibt, wie sie der griechische Bildhauer dargestellt hat, dann müssen wir unser Leben ändern. Dann dürfen wir uns nicht nur um unsere Probleme kümmern. Dann braucht es eine neue Achtsamkeit im Umgang mit der Schönheit und eine neue Dankbarkeit.

Der Philosoph Hans-Georg Gadamer versteht die Wirkung der Kunst vom griechischen Mythos, den Aristophanes in Platons Werk *Gastmahl* erzählt. Ursprünglich war der Mensch ein Kugelwesen. Die Götter haben die Menschen entzweigeschnitten, als sie sich nicht gut benahmen:

> *Nun sucht jede dieser Hälften einer vollen Lebens- und Seinskugel ihre Ergänzung. Das ist das »symbolon tou anthropou«, dass jeder Mensch gleichsam ein Bruchstück ist; und das ist die Liebe, dass sich die Erwartung, etwas sei das zum Heilen ergänzende Bruchstück, in der Begegnung erfüllt.*
>
> GADAMER 42

Der Mythos handelt von der Liebe. In der Liebe suchen wir nach der ursprünglichen Einheit. Aber Gadamer interpretiert diesen Mythos auf die Kunst hin. Die Kunst ist das Bruchstück, das auf das andere ursprünglich Ganze und Heile verweist.

> *Die Erfahrung des Schönen, und insbesondere des Schönen im Sinne der Kunst, ist die Beschwörung einer möglichen heilen Ordnung.*
>
> GADAMER 43

Von daher hat die Kunst für Gadamer immer auch eine heilende Wirkung auf den Menschen. Sie bringt ihn seiner Ganzheit näher. Und sie macht sein Leben heller und lichter:

> Wenn man durch ein Museum gegangen ist, tritt man nicht mit demselben Lebensgefühl, mit dem man in es eingetreten ist, aus ihm wieder heraus; wenn man wirklich eine Erfahrung von Kunst erfuhr, ist die Welt lichter und ist die Welt leichter geworden.
>
> GADAMER 34

STILE DER SCHÖNHEIT

Umberto Eco hat in seinem Buch *Die Geschichte der Schönheit* die verschiedenen Auffassungen von Schönheit in der darstellenden Kunst beschrieben. Die griechische Plastik sucht

> eine ideale Schönheit durch die Synthese lebendiger Körper, in der psychophysische Schönheit zum Ausdruck kommt als Harmonie von Seele und Körper, das heißt Schönheit der äußeren Formen und des seelisch Guten.
>
> ECO 45

Die Schönheit hat für die Griechen immer auch mit Liebe zu tun. Die Musen – so erzählt es Hesiod – singen bei der Hochzeit das Lied:

> Wer schön ist, ist lieb,
> wer nicht schön ist, ist nicht lieb.
>
> ECO 37

Für die griechischen Philosophen hängt Schönheit immer mit Harmonie und richtiger Proportion zusammen. Um die richtige Proportion geht es in der Darstellung des menschlichen Körpers, aber auch in der Architektur. Die Renaissance, die das griechische Schönheitsideal wiederbelebt, spricht von der göttlichen Proportion, die sie im Goldenen Schnitt verwirklicht sieht. (Eco 66)

Das Mittelalter, so meint Umberto Eco, hat die Farben als Ausdruck der Schönheit neu entdeckt. Für Thomas von Aquin gehört daher die »claritas«, der Glanz der Dinge, wesentlich zur Schönheit. Dieser Glanz wird erzeugt durch die Farben. Das Mittelalter spielt mit den Grundfarben und erzeugt in ihrem Zusammenspiel ein eigenes Licht. (Eco 100) In diesem Licht wird etwas sichtbar von Gott, der das Licht schlechthin ist. Jesus selbst hat sich ja als das Licht der Welt bezeichnet, wie uns die Bibel an verschiedenen Stellen überliefert. Durch ihn bekommt auch die Welt einen neuen Glanz. Für Bonaventura ist das Licht das Prinzip jeder Schönheit. Es ist angenehm und erfreulich und lässt uns die Welt als etwas Schönes und Erfreuliches wahrnehmen. (Eco 126)

Das Mittelalter stellt aber nicht nur heilige Menschen dar, sondern auch das Böse. In den Kathedralen werden Monster an den Kapitellen der Säulen dargestellt. Die mittelalterlichen Theologen und Mystiker glauben, dass in der großen Symphonie der kosmischen Harmonie auch die Monster »zur Schönheit des Ganzen beitragen« (Eco 147). So werden auch das Hässliche und Böse dargestellt, um das Schöne umso klarer erstrahlen zu lassen. Der mittelalterliche Theologe Alexander von Hales begründet das so:

Das, was man als böse bezeichnet, ist in gleichem Maße hässlich ... Dennoch gilt: Insoweit sich aus dem Schlechten das Gute entwickelt, wird es als gut bezeichnet, da es auf das Gute ausgerichtet ist: und somit wird es in dieser Ordnung als schön bezeichnet. Es wird also *nicht als absolut schön bezeichnet, sondern als schön innerhalb einer Ordnung, ja man muss vielleicht sogar besser sagen: Diese Ordnung selbst ist schön.*

ECO 149

Das Mittelalter hatte also eine sehr realistische Sicht der Schönheit. Schönheit ist nicht ein Ausschnitt der Welt. In ihr hat vielmehr die ganze Welt Platz, auch das Hässliche und Böse. Aber indem es dargestellt wird, wird dem Hässlichen die Macht genommen. Die Monster werden in der Kirche, innerhalb des heiligen Raumes dargestellt, um zu bekennen, dass sie vom Heiligen umfangen und geheilt sind.

Im 15. Jahrhundert ändert sich die Auffassung der Schönheit. Da wird die Schönheit einmal begriffen als Nachahmung der Natur mit ihren Gesetzmäßigkeiten. Dieses Ideal von Schönheit lässt sich vor allem bei Leonardo da Vinci beobachten. Zum anderen wird die Schönheit »als *Kontemplation übernatürlicher Vollkommenheit*« (Eco 176) gesehen:

Die übersinnliche Schönheit, die man in der sinnlichen Schönheit erfahren kann (obwohl sie höher als diese steht) macht das wahre Wesen der Schönheit aus.

ECO 184

So bringt Jan van Eyck aus Flandern die übersinnliche Schönheit zum Ausdruck, indem er seine Figuren mit einem übernatürlichen Licht umgibt. (Eco 183)

Man könnte diesen Durchgang durch die Jahrhunderte abendländischer Kunst fortsetzen und überall ein etwas anderes Ideal von Schönheit entdecken. Doch wichtiger als Kenntnisse in der Kunstgeschichte ist mir die Einsicht, dass jede Zeit Schönheit anders versteht. Schönheit ist also nicht festgelegt, sondern das Ideal ist immer auch den Zeitströmungen verhaftet. Doch in unserer Zeit haben biologische Studien ergeben, dass es in allen Kulturen bestimmte Kriterien gibt, die ein menschliches Gesicht als schön erscheinen lassen und im Gehirn das Belohnungssystem aktivieren. (Vgl. Kandel 438ff)

> *Die Biologie der Schönheit hat die faszinierende Einsicht zutage gefördert, dass sich das Schönheitsideal im Laufe der Jahrhunderte und von einer Kultur zur nächsten verblüffend wenig geändert hat.*
>
> KANDEL 444

Die heutige Kunst ist eher skeptisch, wenn es darum geht, das Schöne darzustellen. Sie will uns die Welt in ihrer Zerrissenheit zeigen. Aber auch heute haben viele Künstler die Absicht, mitten in der zerrissenen Welt doch immer auch das Schöne aufblitzen zu lassen. Das Schöne ist nicht mehr etwas, was man in stiller Kontemplation genießen kann, sondern die Verheißung, dass die Welt, so wie sie ist, in ihrer Grausamkeit und manchmal auch Hässlichkeit, doch auch das Schöne in sich birgt. Und gerade die moderne Kunst, die das Schöne so sparsam darstellt, bestätigt damit das Wort Dostojewskis: »Schönheit wird die Welt retten.« In der Schönheit leuchtet die Sehnsucht nach Heilsein und Ganzsein, nach Stimmigkeit und Durchlässigkeit auf.

DIE SCHÖNHEIT DER LITURGIE

Die Liturgie ist Verherrlichung Gottes, Lob Gottes. Und die Eucharistie als Höhepunkt christlicher Liturgie ist Danksagung für Gottes Wohltaten an den Menschen. Für den hl. Benedikt ist auch das Stundengebet vor allem Lob des Schöpfers. Das Lob des Schöpfers soll die Schönheit der Schöpfung widerspiegeln.

Doch wer den Schöpfer loben will, braucht ein Gespür für die Schönheit der Welt. Er bedarf der Begabung eines Dichters und Künstlers. Daher haben die frühen Christen Gott in Hymnen gelobt. Und schon der Epheserbrief mahnt die Christen:

Lasst in eurer Mitte Psalmen, Hymnen und Lieder erklingen,
wie der Geist sie eingibt. Singt und jubelt aus vollem Herzen
zum Lob des Herrn!

EPHESER 5,19

Die Schönheit der Musik soll dem Lob Gottes dienen. Es ist eine Musik, die vom Heiligen Geist eingegeben ist und die in den Herzen erklingen soll. Die Schönheit der Musik ist eine Gabe des Heiligen Geistes, und sie öffnet das Herz für Gott.

Das war auch die theologische Begründung, die Thomas von Aquin der Kirchenmusik gegeben hat. Sie soll zur Freude am Herrn anregen. Thomas zitiert den Psalm 31:

Immer sei sein Lob in meinem Munde! ...
Die Armen sollen es hören und sich freuen!
Verherrlicht mit mir den Herrn.

RATZINGER, FEST DES GLAUBENS 101

Für Thomas von Aquin ist die Schönheit der Kirchenmusik ein Weg, Gott zu verherrlichen und so an der Herrlichkeit und Schönheit Gottes teilzuhaben.

Kirchenmusik erfreut aber auch »die Armen«. Papst Benedikt zitiert noch ein anderes Wort von Thomas von Aquin, um die Kirchenmusik zu verstehen: »*Die Himmel rühmen die Herrlichkeit Gottes*«, wie es Psalm 19 verkündet:

> Herrlichkeit des Schöpfers kann nicht nur im Wort, sondern muss auch im Zur-Sprache-Bringen der Musik der Schöpfung und in ihrer geistigen Verwandlung durch den glaubenden und schauenden Menschen geschehen.

RATZINGER, FEST DES GLAUBENS 101

Ratzinger sieht den Auftrag der Liturgie darin,

> die Verherrlichung Gottes, die im Kosmos verborgen ist, aufzudecken und zum Klingen zu bringen.

RATZINGER, GESAMMELTE SCHRIFTEN 11, 583

Indem wir in der Liturgie, sowohl im heiligen Spiel als auch in der Kirchenmusik, die Schönheit des Kosmos zum Klingen bringen, leisten wir einen wichtigen Beitrag zur Humanisierung der Welt. Wir antworten in der Liturgie auf die Schönheit Gottes.

Aber dieser Schönheit entspricht

> der Mensch nur, wenn er im Maß seines Vermögens auch seiner Ant-
> wort die ganze Würde des Schönen, die Höhe wirklicher »Kunst« gibt.

RATZINGER, GESAMMELTE SCHRIFTEN 11, 597

Kunst – so meint Ratzinger die Gedanken aus dem Buch Exodus
35–40 auslegen zu können – ist

> ein Offenlegen der in der Schöpfung schon wartenden verborgenen
> Schönheit.

RATZINGER, GESAMMELTE SCHRIFTEN 11, 597

Die Schönheit ist in der Welt. Aber sie muss immer auch ausgedrückt werden. Das geschieht in der Liturgie.

So gehört also die Schönheit wesentlich – dem Wesen nach –
zur Liturgie. Das gilt aber nicht nur für die Schönheit der Musik,
sondern auch für die Schönheit des Kirchenraumes und für die
Schönheit der liturgischen Feier. Die Liturgie ist ein Fest. Und
ein Fest braucht Feierlichkeit und Schönheit. Die frühe Kirche
hat im Anschluss an die griechische Philosophie und auch an das
Lukasevangelium die Liturgie immer als heiliges Schauspiel gesehen. Ein Schauspiel verwandelt. Im Schauspiel der Liturgie spielen wir uns in die Erlösung hinein, die Christus für uns in seinem
Tod und seiner Auferstehung gewirkt hat. Erlösung ist das Werk
Gottes. Das Werk Gottes ist aber immer Ausdruck seiner Herrlichkeit. Daher muss das Schauspiel Gottes Werk als ein schönes
Werk darstellen. Durch die Schönheit der Gewänder, die Schönheit der Gestalt und die Schönheit der Riten wird etwas von Gottes Herrlichkeit unter uns sichtbar. Und wenn Gottes Herrlichkeit einbricht in den grauen Alltag unseres Lebens, dann hat das
etwas Heilendes und Erlösendes an sich.

Die Ostkirche hat die Schönheit der Liturgie noch tiefer erfasst als die westliche Kirche. Im Westen ist die Liturgie nur allzu oft verzweckt worden. Man feiert die Liturgie, um das Volk zu belehren, um den Menschen die wichtigsten Lehren der Kirche zu verkünden. Oder man feiert die Eucharistie, um das Volk zu erziehen und zu verbessern. In der Ostkirche ist das erste Ziel der Liturgie, Gottes Herrlichkeit für uns sichtbar werden zu lassen. Und gerade indem Gottes Herrlichkeit sichtbar wird, öffnet sich für uns der Himmel, und wir haben teil an der Schönheit der himmlischen Liturgie.

Das befreit uns von aller Fixierung auf unsere alltäglichen Probleme. Das befreit uns von der Verhaftung an die Sünde. Die Herrlichkeit Gottes hat immer eine heilende Wirkung auf den Menschen. Sie zeigt uns die eigene Würde und Schönheit und trennt uns so von der Hässlichkeit der Sünde. »Schönheit wird die Welt retten«, dieser Ausspruch Dostojewskis zeigt sich gerade in der Schönheit der Liturgie.

Romano Guardini hat in seinen zahlreichen Schriften zur Liturgie und zum Geist der Liturgie immer wieder die Gestalt betont, in der sich die Liturgie darstellt. Die Kirche hat in der Liturgie eine eigene Kultur entwickelt. Guardini geht auf den Vorwand ein, Religion sei nicht Kultur; Kultur könne die Religion vereinnahmen und damit entkräften. Er sieht diese Gefahr. Aber trotzdem braucht die echte Religion auch die Kultur. Guardini schreibt:

Lebendig empfundene Frömmigkeit vergisst nur allzu leicht, dass sie die Kultur braucht. Bloße Kultur verflacht, nimmt die wesentliche Spannung und den Ernst der Entscheidung; aber ohne sie wird jene Spannung zu einem gefährlichen Druck, der die Seele zerstören kann. Echte Kultur gibt der Religion die Mittel, sich auszudrücken, das ganze Leben zu ergreifen, zu schaffen und zu gestalten.

GUARDINI, LITURGIE 109

Diese Einsicht Guardinis ist heute höchst aktuell. Da gibt es durchaus Formen der Frömmigkeit, die meinen, bloße Frömmigkeit würde schon den Menschen heilen. Aber oft überfordert sie den Menschen, vor allem dann, wenn sie die Kultur überspringt. Kultur meint sowohl die Form der Liturgie als auch die Kultur der Sprache und die Kultur des Denkens.

Wenn sich Frömmigkeit vom Denken verabschiedet, wird sie autoritär. Es braucht die Schönheit der Form, die Schönheit des Denkens und die Schönheit der Musik, damit Gott das Herz des Menschen berührt und verwandelt.

Um Liturgie angemessen zu feiern – so sagt Guardini –, braucht es ein neues Verständnis von Leib und Seele. Die Liturgie ist nicht etwas rein Geistiges. Sie drückt sich im Leib aus. Es ist die Seele, die unseren Leib durchdringt und durch ihn in dieser Welt sichtbar wird. Guardini spricht davon,

> dass es ihre [der Seele] Schönheit ist, die sich in jedem Verhältnis seiner Maße, in jeder Linie und Gebärde offenbart.

GUARDINI, LITURGIE 32

Die Schönheit, die im Leib offenbar wird, dehnt sich in der Liturgie aus auf die Dinge, auf die Schönheit des Raumes, der Gewänder und der liturgischen Geräte. Alle diese äußeren Dinge stehen dem Menschen nicht einfach gegenüber. Vielmehr drückt sich die Seele des Menschen auch in den Dingen aus. Guardini schreibt, dass sich der Mensch jedem Ding verwandt fühlt,

> denn auch es trägt ein Gottesbild in sich, des gleichen Gottes, aus dem der Mensch kommt. In Gott sind alle Geschöpfe verwandt, und der Mensch ist bestimmt, ihrer aller Wesenheiten in sich zusammenzufassen und zu ihnen allen ein lebendiges Verhältnis zu haben.

GUARDINI, LITURGIE 57

Daher braucht es ein Gespür dafür, dass der Kirchenraum, der Blumenschmuck, die Altargeräte, die Messgewänder und Ministrantenkleider die Schönheit der Liturgie darstellen, dass sie zur Liturgie passen und nicht als etwas Fremdes hinzukommen. Die Liturgie ist ein Gesamtkunstwerk, in dem der Ritus, die Form der Feier, die Anordnung des Raumes, die feierlichen Gewänder, die Art der Gebärden, das Singen und die Verkündigung des Wortes Gottes etwas von der Schönheit Gottes zum Ausdruck bringt. Die Feier muss in sich stimmig sein; dann ist sie auch schön.

Tomás Halik, tschechischer Priester, Psychotherapeut und Professor, hat ein Gespür für das, was Guardini von der inneren Verbindung der Liturgen mit dem Raum und den äußeren Formen der Liturgie sagt.

Halik ist ein moderner Theologe, der vor allem den Dialog mit dem Atheismus sucht, in dem man sehr behutsam von Gott und dem Geheimnis sprechen muss, das uns umgibt. Er ist daher skeptisch gegenüber manchen emotional überladenen Jugendgottesdiensten, in denen allzu leichtfertig und selbstsicher von Gott gesprochen wird.

Die Skepsis richtet sich vor allem auf die »manipulativ-suggestive Enthusiasmierung der Menge«. Aber er kommt in seiner Kritik auch auf die ästhetische Seite dieser Gottesdienste zu sprechen. Er schreibt:

Mich nervt auch die ästhetische Seite dieser Zusammenkünfte. Ich bestehe darauf, dass die Schönheit der Religion und der religiösen Ausdrucksformen – auch des Raumes für einen Gottesdienst – nicht nur irgendein nahezu überflüssiger und so ein beinahe gefährlicher »Überbau« für wählerische Ästheten ist. Eigentlich hat sich mir in der Rückschau fast stets der Raum als verlässlicher Indikator für Gesund-

heit, Tiefe und wirkliche Spiritualität irgendeiner Gemeinschaft bestä-
tigt, als deren Gespür oder Nichtgespür für die Schönheit, eine der
traditionellen Charakteristiken Gottes.

HALIK 86

Halik ist von einem Benediktiner-Schüler geprägt worden, der ihm die Schönheit der Liturgie vermittelt hat. Daher plädiert er dafür, den Schatz der Liturgie achtsam zu wahren. Und er wehrt sich gegen manche Gottesdienste, die

mit ihrem chaotischen Aufbau eher einem ungeschickt improvisierten
religiösen Singspiel ähneln.

HALIK 87

Das geschieht nicht aus einer konservativen Haltung heraus. Haliks Auffassung entspringt vielmehr einer ganz und gar modernen Theologie, die im Dialog mit dem heutigen Menschen darum ringt, angemessen von Gott zu sprechen.

Viele, die heute die Schönheit der Liturgie nicht mehr erkennen können, haben dennoch einen Sinn für die Schönheit des Kirchenraumes. Das gilt vor allem in Bezug auf romanische, gotische und barocke Kirchen. Der evangelische Theologe Christian Möller hat beobachtet, dass in diesen Kirchen in einer Stunde oft mehr Touristen die Predigt der Steine hören, als zuvor im Gottesdienst bei der Predigt des Pastors dabei waren. Er erklärt das folgendermaßen:

Hier halten die Steine eine Predigt, aber auch die Symbole und die
Bilder. Diese Predigt der Steine, der Symbole und Bilder ist für man-
che Menschen heute hörbarer als die Predigt von uns Theologen ...
Steine und Symbole predigen auf ihre Weise, indem sie an Fremdes

und Geheimnisvolles erinnern. Da sprechen Geschichte und Ewigkeit zugleich, also dasjenige, woher ich komme und wohin ich gehe.

MÖLLER 174

Oft bleiben die Menschen lange in einer Kirche sitzen, um dieser Predigt der Steine zu lauschen. Sie lassen den Raum auf sich wirken, indem sie sich in eine Bank setzen oder langsam durch den Raum schreiten. Möller schreibt weiter:

> Die Raumerfahrung ist es ja, die viele Menschen, bewusst oder unbewusst, in der Kirche suchen, um gegen die Unbegrenztheit und Unbehaustheit draußen in der Welt hier Grenzen und Proportionen eines Raumes zu spüren, der wohltut, weil seine Maße Geborgenheit und Weite zugleich schenken und dem Menschen ein Maß anbieten, das ihn maßvoll macht, ohne ihn zu beengen.

MÖLLER 176

Wenn ich eine Kirche besuche, spüre ich, ob der Pfarrer und die Gemeinde einen Sinn für die Schönheit des Raumes haben oder ob der Raum vollgestellt ist mit Informationen oder mit irgendwelchen Belehrungen und Kinderbildern. Ich habe nichts gegen Kinderbilder. Aber oft werden sie an Stellen ausgestellt, die die Schönheit des Raumes verstellen. Zur Spiritualität einer Gemeinde gehört auch das Gespür für die Schönheit des Kirchenraumes.

Die Schönheit der Liturgie drückt sich aus in der Schönheit der liturgischen Sprache, in der Schönheit der Kirchenmusik, in der Schönheit des Raumes, der Riten, der Gewänder, des liturgischen Dramas. Papst Benedikt hat in seiner Kritik an modernen Strömungen, die Liturgie vor allem unter dem Aspekt der Brauchbarkeit zu sehen, immer wieder vor der Gefahr der Banalisierung gewarnt. Wenn die Liturgie Feiernden keinen Sinn mehr für Schönheit und Kultur, für die Qualität der Sprache, der Musik und der Riten haben, dann verarmt die Liturgie. Für ihn ist die Liturgie ein Fest, das der Frage des Todes standhalten muss. Ratzinger schreibt vom Versuch der postreligiösen Welt, das Fest durch die Party zu ersetzen. Doch wenn die Party die Sehnsucht der Menschen nach Befreiung von der Selbstentfremdung erfüllen möchte und als befreiender »Ausflug aus dem Alltag in die Welt der Freiheit und der Schönheit« verstanden wird, dann wird sie zum Gelage. Wenn Liturgie nur auf gemeinschaftliche Interaktion und Kreativität reduziert wird,

ist das Menschsein auf Sparflamme gesetzt, und so schön das Gesagte auch klingen mag, das Eigentliche ausgeklammert.

RATZINGER, FEST DES GLAUBENS 58

Daher braucht die Schönheit der Liturgie immer auch den Ernst der Todesüberwindung. Denn darum geht es letztlich bei jedem Fest: eine Überwindung von Leid und Tod zu feiern. Ratzinger meint, das Fest habe

in der Religionsgeschichte immer kosmischen und universalen Charakter gehabt. Es versucht, der Todesfrage zu antworten, indem es sich auf die universale Lebensmacht des Kosmos bezieht.

RATZINGER, FEST DES GLAUBENS 58

Die Schönheit der Liturgie ist keine Flucht vor der Realität unseres Lebens, sondern Ausdruck des Glaubens, dass im Kreuz Jesu Christi Gottes Herrlichkeit aufleuchtet. So feiern wir angesichts des Leids in dieser Welt eine schöne Liturgie, die das Leid der Welt verwandelt im Blick auf Jesus Christus, der das Leid in seinem Tod und seiner Auferstehung überwunden hat.

DIE SCHÖNHEIT DES LEIBES

Wenn in den Medien von Schönheit gesprochen wird, dann geht es meistens um die Schönheit des Leibes. Und da werden vor allem Frauen nach ihrer Schönheit bewertet. Es gibt Schönheitswettbewerbe, in denen der Körper mit seinen Formen und Maßen benotet wird. Da wird so getan, als ob es objektive Maßstäbe für Schönheit gäbe.

Auch für Männer gibt es Schönheitswettbewerbe. Da geht es dann vor allem um die Muskeln und die äußere Gestaltung des Körpers. Dieses objektive Schönheitsideal macht dann vielen Menschen ein schlechtes Gewissen. Sie messen sich an der Schönheit der schlanken Frau, die aber einen prallen Busen hat, an der Ebenmäßigkeit ihres geschminkten Gesichts. Oder Männer messen sich an der Größe und Virilität anderer Männer. Und sie kommen sich immer als Verlierer vor.

Das vermeintlich objektive Schönheitsideal führt heute dazu, dass sich viele Männer und Frauen einer Schönheitsoperation unterziehen. Eine Frau erzählte mir, ihr Mann kritisiere sie ständig, dass ihr Körper nicht mehr attraktiv genug sei, dass sie zu dick sei und so weiter. Aus Liebe zu ihrem Mann wollte sie sich einer Schönheitsoperation unterziehen. Ich riet ihr davon ab, denn eine solche Operation ist ja immer auch ein aggressiver Akt gegen sich selbst. Außerdem gab ich zu bedenken, dass sie sich damit letztlich in die Macht des Mannes begibt. Sie unterwirft sich seinem Urteil. Sie setzt sich der Aggression ihres Mannes aus, der sie beurteilt. Wahre Liebe ist etwas anderes. Liebe kann nicht erkauft werden, auch nicht durch eine Schönheitsoperation.

Gerade manche älteren Frauen geben viel Geld aus, um ihre äußere Schönheit zu bewahren. Doch wer diese Frauen genau anschaut, nimmt sie nicht als schön wahr. Sie sind von einer Aura der Künstlichkeit umgeben. Es gibt eine kalte Schönheit von Frauen, die in den Modezeitschriften abgebildet sind. Sie entsprechen den objektiven Kriterien weiblicher Schönheit, aber wenn man ihr Gesicht anschaut, so strahlt einem da nur Kälte entgegen.

Schönheit ist immer gewinnend. Ein kaltes, abweisendes Gesicht kann keine Schönheit ausstrahlen, so sehr es vielleicht objektiven Kriterien entsprechen mag. Da strahlt keine Liebe heraus.

Und Schönheit hat letztlich immer mit Liebe zu tun – in einem doppelten Sinn. Die schöne Frau weckt im Menschen die Liebe, genauso wie ein schöner Mann in der Frau die Liebe zu wecken vermag. So singt Tamino in der Oper *Die Zauberflöte*, als er das Bildnis Paminas in Händen hält:

Dies Bildnis ist bezaubernd schön.

Und später:

Ich spür es, wie dies Götterbild
mein Herz mit neuer Sehnsucht füllt.

Das Bild dieser schönen Frau weckt in ihm die Liebe zu ihr. Und er verspricht ihrer Mutter, die Tochter aus der Macht des vermeintlichen Bösewichtes Sarastro zu befreien.

Die Schönheit kann Liebe hervorlocken. Aber umgekehrt macht die Liebe den anderen auch schön. Wenn ich einen Menschen liebe, wird er oder sie für mich zum schönsten Menschen, den ich kenne. Egal ob Frau oder Mann: dieser Mensch wird für mich schön. Die Liebe erschafft die Schönheit, oder besser gesagt: Die Liebe lässt die Schönheit, die in jedem Menschen liegt, aufstrahlen.

Die verborgene Schönheit tritt durch die Liebe ans Licht. Die Liebe verklärt den anderen. Oder noch einmal anders gesagt: der Mensch, den ich liebe, wird verklärt. Bei ihm geschieht das, was in Jesus auf dem Berg Tabor geschehen ist. Da leuchtet auf einmal sein Angesicht strahlend hell auf. Das Eigentliche bricht durch. Die ursprüngliche Schönheit wird sichtbar.

Die wahre Schönheit des Leibes kommt aus der Seele. Wenn der Leib durchseelt ist von einer schönen und guten Seele, dann ist er auch schön. Romano Guardini ist davon überzeugt, dass der Mensch nicht nur schön ist, sondern selbst etwas tun kann für seine Schönheit, nicht nur durch äußere Pflege des Leibes, nicht nur durch schöne Kleider, sondern auch durch »Leibesbildung«, durch »die eigentliche Beseelung des Körpers«:

> Die recht gesinnte Seele soll schlicht und wahrhaftig den Leib durchbilden. Sie selbst soll rein, stark und zart sein und den ganzen Leib zum lebendigen Ausdruck solchen Seins machen.
>
> GUARDINI, LITURGIE 30

Viele Menschen pflegen ihren Leib, aber sie haben keine lebendige Beziehung zu ihm. Ihr Leib ist wie ein Objekt, das sie schön machen möchten. Aber sie selbst bewohnen und beseelen den Leib nicht. Dabei ist es unsere ureigene menschliche Aufgabe, unseren Leib wirklich zu durchseelen, ihn zu spüren, ihn zu lieben, gerne in ihm zu wohnen. Dann strahlt er auch etwas aus. Das hat Jesus im Sinn, wenn er sagt:

*Dein Auge gibt dem Körper Licht. Wenn dein Auge einfältig (haplous)
ist, dann wird auch dein ganzer Körper hell sein. Wenn es aber böse
ist, dann ist auch dein Leib finster. Achte also darauf, dass in dir statt
Licht nicht Finsternis ist. Wenn dein ganzer Körper von Licht erfüllt
und nichts Finsteres in ihm ist, dann wird er so hell sein, wie wenn die
Lampe dich mit ihrem Schein beleuchtet.*

LUKAS 11,34–36

Die Einfachheit (»haplotes«) ist für die Griechen die Haupttugend. Es ist die innere Klarheit und Wahrheit des Menschen. Wenn der Mensch so klar und hell ist, ohne Nebenabsichten, ohne böse Tendenzen, ohne »verborgene Agenda«, wie man heute manchmal sagt, dann ist sein ganzer Körper hell und licht, dann strahlt der Körper Licht aus, dann ist er schön und hat eine schöne Ausstrahlung. Statt also nur an äußeren Formen des Körpers zu arbeiten – so meint Jesus in diesem Wort –, soll der Mensch sich darum bemühen, einfach und klar zu sein, sich vom Licht Jesu erleuchten zu lassen. Dann wird er schön sein. Dann wird durch ihn etwas Angenehmes, Schönes, Helles in die Welt hinausstrahlen.

Die christliche Tradition hat aber nicht nur in Jesus den wahrhaft schönen Menschen gesehen. Ihr war es immer auch ein Anliegen, Maria als *die schöne Frau* darzustellen. Maria wurde im Mittelalter zum Bild des schönen Menschen schlechthin. Indem wir auf Maria schauen, schauen wir gleichsam in einen Spiegel, um unsere eigene Schönheit zu erkennen. Maria ist schön, weil sie klar ist, weil sie ohne Nebenabsichten ist. Diese Schönheit spiegelt sich dann nicht nur in ihrem Gesicht, sondern in ihrem ganzen Leib wider.

Die schönen Madonnen entstanden vor allem um das Jahr 1400. Maria wird dabei als jugendliche Frau voller Schönheit dargestellt. In der italienischen Hochrenaissance prägt das antike

Schönheitsideal die Darstellungen Marias. Die Sehnsucht, die die Griechen und Römer mit Aphrodite beziehungsweise Venus verbanden, wurde in Maria erfüllt.

Vor allem Martin Schongauer hat Maria als schöne Frau dargestellt. Man nannte ihn daher selbst »Martin Schön«. Es ist eine stille Schönheit, die uns aus den Darstellungen Marias entgegenstrahlt. Schongauer hat sich in seinen Mariendarstellungen vom Wort aus dem Hohenlied leiten lassen, das die Liturgie an Marienfesten sang: »*Tota pulchra es, Maria.*« Man kann es übersetzen: »Ganz schön bist du, Maria.« Aber es bedeutet auch: Als Ganze bist du schön. In deiner Gesamtheit bist du schön. Alles an dir ist schön. Dein ganzer Leib ist schön.

Wenn wir die schöne Frau in den Mariendarstellungen betrachten, so besteht kaum die Gefahr, uns zu vergleichen, wie das oft bei der Darstellung schöner Frauen in den Medien geschieht. Vielmehr ist Maria wie ein Spiegel, in dem wir die eigene Schönheit wahrnehmen. Wir spüren in ihrem Gesicht und in ihrer Gestalt eine Schönheit, die von innen kommt. Sie gibt uns Mut, der eigenen Schönheit zu trauen. Wenn unser Leib unsere Seele zum Ausdruck bringt, dann *sind* wir schön. Allerdings nur dann, wenn wir eine schöne Seele haben.

Und an der Schönheit der Seele können wir arbeiten. Die Seele ist schön, wenn sie den Glanz Gottes widerspiegelt und wenn sie sich frei macht von allen bösen Nebenabsichten. Der spirituelle Weg ist immer auch ein Weg der Reinigung. Das reine Herz war für die frühen Mönche das Ziel ihrer Askese. Nur wer ein reines Herz hat, der wird in seinem Körper auch diese innere Reinheit, Klarheit und Schönheit widerspiegeln. Daher spricht Thomas von Aquin so oft von »claritas« als Schönheit.

»Claritas« meint die Klarheit, die Reinheit. Sie entspricht dem, was Jesus mit »haplous« gemeint hat: einfach sein, klar sein, durchsichtig sein, durchlässig sein für den Geist Gottes, durchlässig sein für die Liebe. Daher strahlt Schönheit immer auch Liebe aus. Und der Mensch, der voll von Liebe ist, ist immer auch schön.

Das hat Dostojewski etwa in der Gestalt des Starez Sosima zum Ausdruck gebracht. Nach außen hin machte der Starez nicht den Eindruck eines schönen Menschen. In seinem Gesicht war etwas, was einem nicht gefiel. Und dennoch strahlte von diesem Starez eine innere Schönheit aus, die die Menschen in ihren Bann zog. Er war ein Mensch voller Liebe. Und das hat ihn schön gemacht.

Die Verbindung von Schönheit und Liebe wird im Hohenlied der Bibel besungen. Es sind Liebeslieder, die uns das Alte Testament überliefert. Die Braut selbst nennt sich schön:

Braun bin ich, doch schön.

HOHELIED 1,5

Und der Bräutigam sagt zu seiner Freundin:

Schön bist du, meine Freundin, ja du bist schön.

HOHELIED 4,1

Und dann preist der Freund die Schönheit seiner Freundin: ihre schönen Augen, ihr Haar, ihre Zähne, ihren Hals, ihre Brüste:

Deine Brüste sind wie zwei Kitzlein,
wie die Zwillinge einer Gazelle,
die in den Lilien weiden.

HOHELIED 4,5

Und er schließt die Schilderung der Schönheit des Leibes mit den Worten:

Alles an dir ist schön, meine Freundin;
kein Makel haftet dir an.

HOHELIED 4,7

Origenes hat diese Liebeslieder spirituell und mystisch ausgelegt. Für ihn ist der Bräutigam Christus und die Braut die menschliche Seele. Und er deutet den Vers im Hohenlied 4,1 so:

Wenn die Braut lange vom Bräutigam getrennt ist, ist sie nicht schön.
Sie wird schön, wenn sie mit Gottes Wort verbunden wird.

ORIGENES 63

Wir können durchaus die spirituelle Auslegung mit der wörtlichen verbinden. Schönheit ruft Liebe hervor, und die Liebe veranlasst uns, die Schönheit des Leibes zu preisen. Doch diese Schönheit entsteht in unserem Leib auch, wenn wir von der Liebe Gottes und von seinem Wort erfüllt sind. Das Wort Gottes verwandelt auch den Leib. Es lässt ihn schön werden.

DAS LEBEN IST SCHÖN

Der buddhistische Professor für Kunstwissenschaft in Taipeh, Chiang Shing, hat ein Buch über die Schönheit geschrieben. Doch obwohl er in Paris Kunstwissenschaft studiert hat, befasst er sich in diesem Buch nicht mit den Kunstwerken, sondern mit dem Leben. Er möchte die Schönheit des Lebens entdecken. Dabei behandelt er vier Bereiche des Lebens: das Essen, die Kleidung, das Wohnen und die Bewegung.

Beim Essen braucht es Achtsamkeit, um die Schönheit wahrzunehmen. Diese Schönheit wird erlebbar, wenn wir uns an die mütterlichen Gerichte erinnern, an ihren Duft und ihren Geschmack. Ein Festessen will auch schön hergerichtet sein. Wir kochen nicht einfach Speisen, wir kochen mit dem Herzen. Und dann geht es darum, das mit dem Herzen Zubereitete auch mit dem Herzen zu genießen, sich Zeit zu lassen, um die Schönheit der Speisen wahrzunehmen, um sie langsam zu schmecken. Er meint, viele würden beim Essen keine Schönheit erfahren, weil ihr Herz voll ist von Problemen und Sorgen.

Wenn wir bewusst essen, nehmen wir wahr, dass die unterschiedlichen Geschmacksrichtungen uns auch im täglichen Leben und in unserer ganzen Lebensgeschichte begegnen. Wir kennen auch dort den sauren Geschmack des Lebens oder den bitteren Geschmack, wenn uns ein erfahrenes Leid bitter macht. Aber wir kennen auch die Süßigkeit. Wir sagen von einem Menschen, den wir lieben, dass er süß ist. Die Schönheit des Essens bezieht sich aber nicht nur auf das Süße, sondern genauso auf das Scharfe, Bittere, Saure. Alles wird schön, wenn es bedächtig und mit allen Sinnen genossen wird.

Schöne Kleider gehören zur Kultur des Menschen. Seit jeher ist der Mensch bestrebt, sich schön zu kleiden und die eigene Schönheit durch die Art der Kleider zu vertiefen und sichtbar werden zu lassen. Es geht jedoch nicht darum, mit Markenkleidern zu protzen, sondern für mich selbst die Kleider auszusuchen, die mir entsprechen. Dabei sind die eigene Kultur und das Klima zu berücksichtigen. Die Erinnerung an den, der mir das Kleid geschenkt hat, oder an die Situation, in der ich es gekauft habe, erhöht die Schönheit.

Manche haben kein Gespür, welche Kleider für sie passen. Es braucht ein Gefühl für die eigene Schönheit und für das, was diese Schönheit auch für andere sichtbar werden lässt. Schon seit vielen Jahren gibt es Firmen für Farb- und Stilberatung. Die Menschen haben erkannt, dass es wichtig ist, wie sie sich kleiden. Es muss für die eigene Persönlichkeit stimmen. Man merkt einem Menschen an, ob er durch seine Kleider angeben will, weil er jedem zeigen möchte, wie viel Geld er hat und wie viel er sich leisten kann, oder ob er die Kleider so aussucht, dass sie für ihn passen und sein Wesen nach außen hin offenbaren. Schöne Kleider erhöhen die Schönheit des Leibes. Sie machen einen Menschen schön.

Der taiwanesische Autor stellt fest, dass man in Asien viel Wert auf die Schönheit des Essens legt, während man in Europa die Schönheit des Wohnens betont. Doch beim Wohnen geht es nicht nur um große und schöne Häuser, sondern auch darum, mein Haus in ein Heim zu verwandeln, in dem ich mich daheim fühle. Wenn ich in meinem Haus nicht nur wohne, sondern daheim bin, dann wird der Gast spüren: Die ganze Wohnung ist Ausdruck des Gastgebers. Da erkenne ich seinen Geschmack. Wie jemand wohnt, das sagt etwas aus über sein Gespür für Schönheit, für Kultur, für Einfachheit oder auch für Geborgenheit und Liebe.

Zur Schönheit des Wohnens gehört auch die Solidarität mit der Familie. In meiner Wohnung soll meine Familienzugehörigkeit offenbar werden. Da wird sichtbar, dass ich meine Vorfahren ehre. Das wird für den Gast sichtbar in den Bildern und Erinnerungsstücken meiner Vorfahren, aber auch in der Art und Weise, wie ich das von den Vätern Ererbte achte und pflege.

Und zur Schönheit des Wohnens gehört die Umgebung. Damit meint der buddhistische Autor auch die Tempel und Kirchen, die in der Nähe sind. Der Autor erzählt, dass er in Paris vor und nach jeder Vorlesung in eine Kirche gegangen ist und sich dort hingesetzt hat, um den Geist des französischen Volkes, seiner Religion, seiner Kultur, seiner Geschichte zu spüren. Zur Schönheit meiner Wohnung gehört also auch die Umgebung, in der ich wohne. Die Kirchen in meiner Nähe prägen diese Umgebung. Sich in eine Kirche zu setzen und die Ruhe und Stille, aber auch die Schönheit des Raumes zu erleben, das öffnet mein Herz auch für das Geheimnis, das mich in der Kirche umgibt, das aber letztlich auch in meiner Wohnung um mich herum ist. Die deutsche Sprache bringt »Heim« und »Geheimnis« zusammen. Daheim sein kann man nur, wo das Geheimnis wohnt.

Der vierte Bereich der Schönheit ist die Bewegung. Ich kann die Schönheit jeder Bewegung genießen, wenn ich ganz in der Bewegung bin. Eine langsame Bewegung, die achtsam vollzogen wird, ist schön. Zu schnelle Bewegungen machen den Menschen aggressiv und wütend. Das kann man in der U-Bahn beobachten.

Es gibt eine Vielfalt von Bewegungen und Geschwindigkeiten. Jede Bewegung hat ihre eigene Schönheit. Das wird vor allem deutlich im Tanz. Da genießen wir die Schönheit der Bewegungen. Aber im Alltag gibt es viele Bewegungen, die zu hektisch und zu schnell sind.

Das chinesische Schriftzeichen für »Beschäftigtsein« ist zusammengesetzt aus dem Herzen und dem Wort »Sterben«. Die chinesische Sprache bringt damit zum Ausdruck, dass der, der zu schnell ist in seinen Bewegungen, der hektisch und unruhig ist, in Gefahr ist, sein Herz sterben zu lassen. Das Heilmittel dagegen ist, die Geschwindigkeit bewusst zu verlangsamen.

Das chinesische Schriftzeichen für Muße, in der ich mir Zeit lasse, ist zusammengesetzt aus Tür und Mond. Muße bedeutet also, durch die eigene Tür auf den Mond zu schauen. In meinem Herzen ist eine Tür, durch die hindurch ich auf den Mond schauen kann. Es braucht aber Zeit, Gelassenheit und Achtsamkeit, um diese Tür in meinem Herzen zu öffnen.

Die Bewegung hat etwas mit dem Körper zu tun. So hat Chiang Shing ein eigenes Buch über die Schönheit des Körpers geschrieben. Der Autor bezeichnet sich selbst als einen Missionar der Schönheit, der den Menschen die Schönheit verkünden möchte, die in ihnen selbst und um sie herum da ist. Jeder Körper ist schön. Und es kommt darauf an, die je eigene Schönheit darin zu entdecken und sich daran zu freuen. Die körperliche und seelische Schönheit gehören zusammen. Unsere Aufgabe ist es, den eigenen Körper gleichsam aufzuwecken, ihn wachsam und achtsam wahrzunehmen und zu erleben. Dann erleben wir seine Schönheit.

Chiang Shing wurde einmal zu einem Schönheitswettbewerb eingeladen, daait er als Fachmann für Schönheit die Frauen und ihre Körper benote, die sich dem Wettbewerb stellen. Doch er hat abgesagt. Er meinte, bei ihm gebe es keine Noten für die Schönheit. Jeder Körper ist schön. Er versteht seine Aufgabe darin, in den Menschen den Sinn für die Schönheit ihres Leibes zu wecken, aber nicht die Schönheit zu bewerten oder zu benoten.

Was der taiwanesische Autor beschreibt, gilt auch für uns westliche Menschen. Die Gedanken dieses buddhistischen Autors zeigen uns, worauf wir achten sollten, wenn wir von der Schönheit sprechen. Die Schönheit ist da in unseren Bewegungen, in unseren Kleidern, in unseren Wohnungen und bei unserem Essen. Es geht nur darum, eine Achtsamkeit zu entwickeln, um das Schöne wahrzunehmen. Einen Sinn für das Schöne zu entwickeln ist heilsam für uns. Es geht eine heilende und erhellende Kraft von der Schönheit aus. Daher ist Schönheitserziehung immer auch etwas Heilsames. Sie ist Teil einer therapeutischen Spiritualität.

AUF DEM WEG ZU EINER
SPIRITUALITÄT DER SCHÖNHEIT

All die Gedanken, die ich in diesem Buch angeschaut und ausgeführt habe, möchte ich schließlich und endlich für die Spiritualität fruchtbar machen. Es geht mir darum, eine Spiritualität zu beschreiben, die sich vom Schönen leiten lässt. Dabei möchte ich einige spirituelle Autoren zu Wort kommen und mich von ihnen anregen lassen, dem Geheimnis einer Spiritualität der Schönheit nahe zu kommen.

Bei meiner Suche nach einer Spiritualität, die das Schöne als wesentlichen Ort unserer Gotteserfahrung bedenkt, habe ich festgestellt, dass das Thema in den meisten spirituellen Büchern der Gegenwart vernachlässigt wird. Außer Hans Urs von Balthasar und Josef Ratzinger auf katholischer Seite und Rudolf Bohren, Matthias Zeindler und Paul Tillich auf evangelischer Seite interessieren sich nur wenige Theologen für das Thema der Schönheit. Auch Karl Rahner, den ich sehr verehre und über dessen Erlösungslehre ich promoviert habe, hatte für dieses Thema keinen Blick.

Mir ist schmerzlich bewusst geworden, dass unsere christliche Spiritualität in den letzten zweihundert Jahren doch sehr stark von der Moral und dann später von der Psychologie geprägt war. Uns – auch mir persönlich – ging es vor allem darum, dass der Christ in der Askese mit sich selbst ringt, dass er seine Fehler und

Schwächen überwindet und zu einem reifen und selbstbeherrschten Menschen wird, der immer durchlässiger wird für den Geist Jesu.

Wenn ich meine eigenen Bücher anschaue, dann war es mir stets wichtig, dass der Mensch in seine innere Wahrheit und Freiheit gelangt, dass er durch die ehrliche Selbsterkenntnis das Geheimnis Gottes auf dem Grund seiner Seele entdeckt. Aber dass Gott nicht nur wahr und gut, sondern auch schön ist, das habe ich selbst in meiner Spiritualität bisher vernachlässigt.

Mir ist inzwischen klar, dass wir Spiritualität immer als einen Weg gesehen haben, den wir selbst gehen. Wir haben also die aktive Seite der Spiritualität betont. Das ist sicher ein wichtiger Aspekt. Aber das Thema Schönheit führt uns zur kontemplativen und mystischen Dimension christlicher Spiritualität. Spiritualität ist achtsames Wahrnehmen des Geistes, achtsames Wahrnehmen der Schönheit, in der sich Gottes Geist für uns spiegelt, in der Gottes Liebe für uns erfahrbar, sichtbar und hörbar wird. Die griechische Mystik ist vor allem eine Mystik des Schauens. Im Schauen der Schönheit der Schöpfung werde ich eins mit dem Geschauten, werde ich eins mit Gott, dem Urbild des Schönen und dem Schöpfer aller Schönheit.

Eine Spiritualität, die dem Schönen Raum gibt, ist außerdem eine heilende und therapeutische Spiritualität. Sie tut der Seele und dem Leib gut. Sie bringt uns in Berührung mit den heilenden Kräften unserer Seele. Das Schöne ist immer auch das Geordnete. So ordnet das Schöne unser inneres Chaos. Und Gesundheit hat für die Alten immer mit Ordnung zu tun. Wer seinem Wesen gemäß lebt, wer seiner inneren Ordnung entspricht, der lebt gesund.

Darüber hinaus ist die Spiritualität der Schönheit eine optimistische Spiritualität. Sie geht von der Schönheit aus, die sie in allem findet: in der Natur, in der Kunst, in jedem Menschen und in der eigenen Seele. Lange Zeit kreiste die Spiritualität zu sehr um die Schuld des Menschen. Sie machte dem Menschen ein schlechtes Gewissen, das ihn antreiben sollte, vom Bösen zu lassen und das Gute zu tun. Doch ein schlechtes Gewissen lähmt oft und ist nicht die Motivationskraft, sich wirklich zu ändern. Die Spiritualität des Schönen ermutigt uns. Sie bringt uns mit unserer Lust am Schönen und am Guten in Berührung. Auf diese Weise erfahren wir in ihr wirklich eine innere Verwandlung, während eine Spiritualität des schlechten Gewissens uns nicht wirklich zu wandeln vermag.

ÄSTHETIK UND SPIRITUALITÄT BEI DOROTHEE SÖLLE

Dorothee Sölle sieht einen engen Zusammenhang zwischen einer lebendigen Spiritualität und dem Gespür für die Schönheit. Sie schreibt:

> Es gibt eine tiefe, noch wenig reflektierte Beziehung zwischen Mystik und Ästhetik, zwischen der Gottes-Freude und der Schönheit.
>
> SÖLLE 235

Und eine konkrete Weise, die Schönheit in allem wahrzunehmen, ist das Loben:

> Das Loben ist der ästhetische Akt, in dem etwas wahrgenommen, gesehen und sichtbar gemacht, gepriesen, gefeiert und besungen wird. Es wird aus dem Dunkel ins Licht geliebt.
>
> SÖLLE 235

Die benediktinische Spiritualität ist eine Spiritualität des Lobens. Sie betrachtet die Schönheit der Welt und besingt mit den Psalmen Israels die Schöpfung in ihrer Pracht und Herrlichkeit. Die Spiritualität verarmt, wenn sie nicht mehr fähig ist, das Leben zu loben. Wer nicht fähig ist, den Wind zu spüren, die Schönheit einer Landschaft zu betrachten und die Vögel des Himmels singen zu hören, der bleibt trübsinnig in sich selbst hocken.

So entwickelt Dorothee Sölle ihre mystische Spiritualität, die die Ästhetik ernstnimmt, gegen die grüblerische und schwermütige Mentalität, die oft unsere Frömmigkeit prägt. Den Aufruf von Paul Gerhardt – »Geh aus, mein Herz, und suche Freud« – versteht sie so, als ob der Mensch in sich zwei Seelen hat: eine, die zur Freude fähig ist, und eine, die stumm vor sich hinbrütet. Und so sagt die eine Seele zur anderen:

> Du meine schwermütige und lobungewohnte Seele, hock nicht in dir selbst herum, sieh von dir ab, lass dich! Werde wieder fähig, den Wind nicht als Geräusch wahrzunehmen, sondern seine Stimme zu hören.
>
> SÖLLE 235

Eine Spiritualität, die das Schöne betont, ist daher optimistisch, eine Spiritualität der Freude. Sie wirft einen anderen Blick auf das Leben als die Spiritualität, die vor allem das Böse und die negativen Tendenzen im menschlichen Herzen im Blick hat. Sie ist gegen den »freudlosen, antimystischen Zustand« gerichtet, gegen

> eine Untätigkeit, die mit viel Betrieb einhergehen kann, ein Lebensekel, der in der morbiden Kunst besteht, aus allem, was ist, nur den Verfall und die Zerstörung herauszulesen, eine Lebensfaulheit, in der wir zu träge sind, um den Glanz Gottes in der Schöpfung zu suchen oder ihn wieder herauszuputzen.
>
> SÖLLE 236

Dorothee Sölle zitiert den heiligen Franziskus von Assisi, der es als den größten Triumph des Teufels ansieht, wenn er uns die Fröhlichkeit des Geistes rauben kann. Franziskus sagt vom Teufel:

> Er führt einen feinen Staub mit sich, den streut er in kleinen Dosen durch die Ritzen des Gewissens, um die reine Gesinnung und den Glanz der Seele zu trüben. Die Freude aber, die das Herz des geistlichen Menschen erfüllt, macht jenes todbringende Gift der Schlange zunichte.

SÖLLE 237

Franziskus von Assisi hatte ein Gespür für die Schönheit der Schöpfung, die er in seinen Liedern besungen hat. Gerade als es zum Sterben kam,

> wollte er, dass man singt, weil er so von der Last der Schmerzen frei würde.

SÖLLE 238

Die Freude über die Schönheit der Schöpfung ist für Franziskus also ein Heilmittel gegen die Traurigkeit, die nur allzu leicht gerade geistliche Menschen überfällt – und gegen die Schmerzen der Krankheit.

Eine Spiritualität, die für Dorothee Sölle wahrhaft mystisch ist, hat ein Gespür für die Schönheit der Welt. Wer nur um seinen eigenen spirituellen Weg kreist, aber keinen Blick für die Schönheit der Schöpfung hat, der verfällt letztlich einer narzisstischen Frömmigkeit, die leicht zur Freudlosigkeit wird.

Wir nehmen Gott und seine Schöpfung nur dann wirklich wahr,
wenn wir

*die Schönheit erfahren und besingen. In diesem Sinn sind wir alle Hü-
terinnen der Freude und dafür verantwortlich, dass die Schönheit des
Lebens sichtbar und hörbar wird.*

SÖLLE 236

Spiritualität besteht für Sölle darin, die Schönheit des Lebens zu
verkünden und den Menschen ein Gespür für die Schönheit zu
vermitteln, die sie umgibt. In der Taufe sind wir alle zu Pries-
tern und Priesterinnen gesalbt worden. Priester und Priesterin zu
sein bedeutet: Hüter und Hüterin des Heiligen zu sein. Für Sölle
heißt das aber zugleich: Hüter und Hüterin des Schönen in dieser Welt zu sein.

Manchen, die einen besonderen Blick für das Schöne haben,
geht es ähnlich wie dem hl. Franziskus. Seine Brüder meinten,
ein Sterbender müsse ernst bleiben. So meinen heute viele, Spiritualität sei etwas Ernstes. Wir müssten uns vor allem der Schuld
stellen und uns um Versöhnung bemühen. Doch die Spiritualität
der Schönheit hat etwas Heiteres an sich. Das Schöne gefällt. Die
Spiritualität der Schönheit lebt vom Gefallen und nicht von der
Ablehnung, vom Wahrnehmen der Schöpfung und meiner selbst
und nicht vom Verändern. Sie ist nicht etwas Todernstes, sondern
etwas Fröhliches, weil das Schöne in uns Freude hervorruft.

Dorothee Sölle hat diese Gedanken in ihrem Buch *Mystik und
Widerstand* entwickelt. Der Sinn für das Schöne enthebt uns nicht
dieser Welt. Vielmehr gibt er uns mitten in dieser Welt Halt. Gerade auch in politisch schwierigen Zeiten ist das Gespür für das
Schöne oft ein Rettungsanker, der uns Kraft gibt, nicht zu verzweifeln, sondern für das Gute zu kämpfen. Die Spiritualität der
Schönheit ist also keine Flucht in eine ästhetische Welt, sondern

die Suche nach einer Zuflucht *mitten in* dieser Welt. Das Schöne lässt uns ausruhen in unserer Seele, damit wir uns dann immer wieder neu den Problemen dieser Welt zuwenden. Die Zuwendung zum Schönen kommt den Bedürfnissen unserer Seele entgegen:

> Für eine Weile wird die Anstrengung des Kämpfens und Duldens gelindert und unsere Zerbrechlichkeit wird durch ein anderes Licht erhellt; ein Licht, in dem es uns gelingt, hinter dem Schauder der Erscheinungen einen flüchtigen Blick auf die verlässliche Form der Dinge zu werfen. Wenn wir Schönheit erfahren, geschieht beides im selben Akt: Wir erwachen und geben uns hin.
>
> O'DONOHUE, SCHÖNHEIT 12

Die Erfahrung des Schönen ist auf der einen Seite ein Ruhepunkt im Einsatz für die Welt, auf der anderen Seite aber ist sie zugleich eine Einladung, uns hinzugeben, uns für diese Welt mit all unseren Kräften einzusetzen. Diese Sicht des Schönen finden wir auch bei einer anderen modernen Mystikerin: bei Simone Weil.

SCHÖNHEIT ALS DAS ZÄRTLICHE LÄCHELN JESU – SIMONE WEIL

In meinem Suchen nach einer Spiritualität der Schönheit bin ich auf Simone Weil gestoßen, die hochgebildete französische Jüdin, die auf der Schwelle der Kirche stand, ohne sich taufen zu lassen. Sie ist 1909 geboren und hat sich in ihrem Einsatz für die Armen und Entrechteten zu Tode gehungert, sodass sie schon 1943 mit vierunddreißig Jahren gestorben ist. Ihr wird man kaum einen rein äußerlichen Ästhetizismus vorwerfen können, denn sie hat sich nicht nur für soziale und gesellschaftspolitische Fragen interessiert: Sie hat sich vom Schuldienst befreien lassen, um als Hilfsarbeiterin in einer Fabrik zu arbeiten. Sie wollte am eigenen Leib erkunden, ob man bei den stumpfsinnigen Arbeitsabläufen seine menschliche Würde bewahren könne.

Simone Weil war eine sehr empfindsame Frau, offen für die Nöte der Menschen, offen für die philosophischen und theologischen Fragen, die den Menschen umtreiben. In ihrem Einsatz für junge Menschen aus dem Arbeitermilieu ist ihr die Frage nach dem Schönen wichtig. Sie möchte den Menschen einen Sinn für das Schöne vermitteln. Sinn für das Schöne zu haben bedeutet für sie einmal, ein Gespür für die religiöse Dimension der Schöpfung zu bekommen. Und sie vertraut darauf, dass das Schöne zu allen Menschen spricht. Da gibt es keinen Unterschied zwischen gebildet und ungebildet, zwischen religiösen und nicht religiösen Menschen. Gerade den Arbeitern mit ihren oft menschenunwürdigen Arbeitsbedingungen gibt das Schöne, das sie in der Natur und in sich selbst spüren, ihre Würde wieder. Und es schenkt ihnen einen Ruhepunkt mitten in den Anstrengungen des Lebens.

Ich möchte nur einige ihrer Gedanken über das Schöne meditieren. Die Schönheit der Welt ist für Simone Weil Sichtbarwerden des Göttlichen und Ausdruck der göttlichen Inkarnation:

> Von allen Eigenschaften Gottes ist nur eine einzige im Universum, im Körper des WORTES inkarniert, das ist die Schönheit.
> WEIL 143

Und die Schönheit ist der

> Beweis dafür, dass Inkarnation möglich ist.
> WEIL 140

Simone Weil sieht die Liebe Gottes als Grund dafür, dass er sich uns in dieser Welt als Schönheit zeigt:

Die Liebe ist aus Liebe in Form der Schönheit auf diese Welt herabgestiegen.

WEIL 143

So sieht sie die Schönheit vor allem in Jesus Christus verkörpert. Sie nennt die Schönheit

Christi zärtliches Lächeln für uns durch den Stoff hindurch.

WEIL 34

In der Schönheit eines Menschen, in der Schönheit der Schöpfung dürfen wir also Jesu zärtliches Lächeln erkennen. Jesus lächelt uns zu. In der Schönheit nimmt er Beziehung zu uns auf, eine liebende und lächelnde Beziehung.

Für Simone Weil ist daher eine Spiritualität der Schönheit immer eine inkarnatorische und zugleich christologische Spiritualität. Die Schönheit in der Welt zeigt, dass Gott sich schon immer im Fleisch, im Stoff offenbart. Die Inkarnation in Jesus Christus ist gleichsam der Höhepunkt der Offenbarung von Gottes Schönheit im Stoff. Da wird Gottes Schönheit in diesem Menschen Jesus verdichtet und strahlt in einem bisher nicht bekannten Glanz in dieser Welt auf.

Für Simone Weil ist die Schönheit des Menschen, auch die Schönheit fleischlicher Liebe,

die Gestalt des ewigen »Ja«. Die Schönheit ist die wahrnehmbare Ewigkeit.

WEIL 143

Das Schöne ist nicht einigen Ästheten vorbehalten: Alle Menschen nehmen das Schöne wahr.

Das Wesentliche ist, dass das Wort Schönheit zu allen Menschen spricht.
WEIL 131

Daher ist eine Spiritualität der Schönheit eine missionarische Spiritualität. Sie kann den Menschen in der Welt etwas vermitteln von der Botschaft Jesu, in dem die Schönheit, die die Menschen in der Welt wahrnehmen, zu ihrem Gipfelpunkt gelangt.

Und es ist eine ökumenische Spiritualität. Alle Religionen sprechen vom Schönen. Indem Menschen aller Religionen vom Schönen in der Welt berührt werden, werden sie letztlich von Gott berührt. So ist das Schöne ein Ansatzpunkt, über Gott und Gotteserfahrung zu sprechen, ohne den Menschen dogmatische Sätze beweisen zu müssen. Im Gespür für das Schöne sind wir auf dem gemeinsamen Weg zu Gott, der Urschönheit, die sich im Schönen uns allen zeigt.

Es braucht aber auch die richtige Haltung dem Schönen gegenüber. Da ist einmal die Fähigkeit, das Schöne wahrzunehmen, es zu bestaunen. Zum anderen braucht es die Haltung des Lassens:

Das Schöne: das, was man nicht verändern will.
WEIL 136

Und:

Schönheit. Eine Frucht, die man anschaut, ohne die Hand nach ihr auszustrecken.
WEIL 137

Meister Eckehart nennt die Haltung, die wir gegenüber der Schönheit einnehmen sollen, Gelassenheit. Es ist die Haltung, die Dinge zu lassen, wie sie sind, sie nicht ständig verändern oder beurteilen zu wollen. Die Fähigkeit, mit dem Schönen in Berührung zu treten, ist für Simone Weil aber letztlich die übernatürliche Liebe:

> Es ist die gleiche Fähigkeit der Seele, nämlich die übernatürliche Liebe, die mit dem Schönen und mit Gott in Berührung steht. Die übernatürliche Liebe ist in uns das Organ der Bindung an das Schöne, und der Sinn für die Wirklichkeit des Universums ist in uns mit dem für seine Schönheit identisch. Das Dasein in seiner Fülle und die Schönheit verschmelzen miteinander.
>
> WEIL137

Aber für Simone Weil ist das Schöne nicht gleichbedeutend mit einer heilen Welt. Es ist auch mit dem Schmerz verwandt. Gerade der Schmerz vermag uns für Gott aufzubrechen. Und wer für Gott aufgebrochen ist, der ist schön:

> Ein geheimnisvolles Gesetz bewirkt, dass ein Mensch, der Gott berührt, in diesem Augenblick schön aussieht ... Etwas zieht das Fleisch zum Göttlichen hin; wie könnten wir sonst je gerettet werden?
>
> WEIL 139

Das Schöne zieht uns also zu Gott hin. So bestätigt Simone Weil die Einsicht Dostojewskis: »Die Schönheit wird die Welt retten.« Die Schönheit bewegt uns auf Gott hin. Und für Simone Weil

> gibt es keinen offensichtlicheren Beweis Gottes als die Schönheit der Welt.
>
> WEIL 139

Daher ist es Zeichen echter Spiritualität, die Schönheit zu lieben:

> Man hat recht, die Schönheit der Welt zu lieben, denn sie ist das
> Zeichen eines Austauschs von Liebe zwischen dem Schöpfer und der
> Schöpfung. Die Schönheit ist für die Dinge, was die Heiligkeit für die
> Seele ist.
>
> WEIL 143f

Otto Betz, der die Gedanken von Simone Weil über die Schönheit zusammengetragen hat, meint, die französische Philosophin hätte schon von Kindheit an einen Sinn für das Schöne gehabt. Besonders wegweisend war für sie jedoch ihre Italienreise. Da verbrachte sie Stunden vor den Gemälden von Giotto, Leonardo da Vinci und Fra Angelico. Betz interpretiert ihr Verständnis des Schönen so:

> Gäbe es das Schöne nicht, dann wären wir in die Immanenz eingesperrt,
> die Schönheit macht das Wahrnehmbare transparent, alles bekommt
> gleichsam Poren und öffnet uns einen Zugang ins Übernatürliche, aber
> es übersteigt die Möglichkeiten unserer Begriffssprache, schenkt uns
> jedoch eine andere Sprache jenseits unserer üblichen Ausdrucksfor-
> men. Im Schönen ereignet sich die Inkarnation Gottes, davon ist sie
> überzeugt.
>
> BETZ 33

Für Simone Weil ist das Schöne ein Gottesbeweis. Im Schönen begegnen wir Gott. Auch bei ihrer gewerkschaftlichen Tätigkeit wollte Weil den Menschen den Sinn für das Schöne und damit für Gott eröffnen. Der Sinn für das Schöne gibt uns im Einsatz für die Menschen die Kraft, nicht aufzugeben. Das Schöne ist wie ein Ruhepunkt, an dem wir uns ausruhen können. Und es ist die Voraussetzung, dass wir die Hoffnung für die Menschen nicht aufgeben, sondern uns trotz aller Enttäuschung immer wieder von Neuem für sie einsetzen.

Für Simone Weil ist das Schöne wie ein Sakrament. Im Sichtbaren der Schönheit zeigt sich der unsichtbare Gott. Das Schöne vermittelt uns den unsichtbaren Gott. Sie selbst schreibt:

> *Die Schönheit der Welt ist Christi zärtliches Lächeln für uns durch den Stoff hindurch. Er ist wirklich gegenwärtig in der Schönheit des Alls. Die Liebe zu dieser Schönheit entspringt dem in unsere Seele herniedergestiegenen Gott und geht auf den im Weltall gegenwärtigen Gott. Auch sie ist etwas wie ein Sakrament.*

BETZ 34

Beide Bilder treffen auf das Schöne zu: Inkarnation und Sakrament. Die Schönheit verweist uns auf die Inkarnation Gottes in Jesus Christus. In allem Schönen lächelt Jesus selbst uns entgegen. Jesus erfüllt durch seine Inkarnation die ganze Welt und ist überall dort zu finden, wo wir vom Schönen fasziniert sind. Die Voraussetzung dafür, dass wir das Schöne als Widerschein Jesu Christi wahrnehmen können, liegt darin, dass Gott in der Menschwerdung Jesu auch in unsere Seele hinabgestiegen ist. Und das Schöne ist ein Sakrament, in dem Gott uns durch das Sichtbare auf das Unsichtbare verweist. Das Schöne vermittelt uns auf ähnliche Weise die Liebe Jesu Christi wie die Eucharistiefeier.

Die Gedanken von Simone Weil sind in der katholischen Spiritualität nach dem Krieg kaum aufgegriffen worden. Für mich sind sie jedoch wegweisend. Sie zeigen mir einmal einen Weg für meine eigene Spiritualität: Im Schönen vermag ich Gott zu erfahren. Zugleich aber öffnet sich mir auch ein Weg für meine Verkündigung. Wenn ich den Menschen den Sinn für das Schöne wecke, öffne ich sie letztlich auch für Gott. Denn in der Schönheit der

Welt, in der Schönheit eines Menschen und in der Schönheit eines Kunstwerks strahlt Gottes Schönheit für uns auf. Wer sich von der Schönheit faszinieren lässt, lässt sich letztlich von Gott selbst berühren. So ist das gemeinsame Betrachten des Schönen in der Welt ein Anknüpfungspunkt für meine Verkündigung. Indem ich die Menschen auf das Schöne hinweise, sie dafür begeistere, öffne ich sie für Gott. Und umgekehrt: Menschen, die vom Schönen fasziniert sind, darf ich bestätigen, dass sie darin Gott selbst wahrnehmen, dass sie von Gott selbst berührt und begeistert sind.

SCHÖNHEIT UND DIE MORALISIERENDE SPIRITUALITÄT – CARLO MARIA MARTINI

Einer der wenigen geistlichen Autoren, die ein Gespür für das Thema Schönheit und Spiritualität haben, ist Carlo Maria Martini, der frühere Kardinal von Mailand. Er schreibt:

> Es ist nicht damit getan, all das Böse und Hässliche in unserer Welt zu beklagen und anzuklagen. Es ist in unserer ernüchterten Epoche auch nicht damit getan, von Gerechtigkeit, von Pflichten, vom Gemeinwohl, von Pastoralprogrammen, von Forderungen des Evangeliums zu reden. Wenn wir davon sprechen wollen, dann mit einem Herzen voll leidenschaftlicher Liebe. Wir müssen jene Liebe erfahren, die freudig gibt und begeistert; wir müssen die Schönheit dessen, was wahr und richtig im Leben ist, ausstrahlen; denn nur diese Schönheit kann Menschen innerlich erfassen und auf Gott ausrichten.

MARTINI 13

Martini spürt, dass eine rein asketische oder moralisierende Spiritualität die Menschen heute nicht mehr anzieht. Es braucht die Schönheit, die sie fasziniert. Diese Schönheit bezieht sich auf die Schönheit der Welt, für die wir ein Gespür entwickeln sollen. Aber sie meint auch die Schönheit der Liebe, die Schönheit eines Menschen, der sich von der Liebe leiten lässt. Martini spricht von der Schönheit der biblischen Botschaft, von der erlösenden Schönheit, die in der Liebe am Kreuz für uns am klarsten aufstrahlt, von der rettenden Schönheit, die an Ostern für uns aufleuchtet. Die ganze Botschaft des christlichen Glaubens wird unter dem Aspekt der Schönheit beschrieben. Diese Schönheit offenbart sich auch auf dem Berg Tabor. Martini schreibt:

> Wer die Erfahrung der Schönheit macht, die auf dem Tabor erschienen ist und sich im Pascha-Mysterium, im Geheimnis von Kreuz und Auferstehung vollendet hat, wer der Verkündigung des Wortes glaubt und sich mit dem Vater versöhnen lässt in der Gemeinschaft der Kirche, der entdeckt die Schönheit des Lebens – in einer Art und Weise, wie nichts und niemand auf der Welt sie vermitteln kann.

MARTINI 58

Es gibt eine Spiritualität, die immer nur fordert. Sie fordert uns auf, das Böse zu überwinden. Sie ist dann manchmal zu sehr auf das Böse, auf Sünde und Schuld fixiert. Oder aber sie fordert uns zu sozialem Verhalten auf. Sie möchte die Welt verändern. Das ist durchaus ein wesentlicher Aspekt christlicher Spiritualität. Doch wenn das Verändern zu sehr zu einer Forderung wird, dann verliert die Spiritualität oft das Gespür für das, was schon da ist, was uns in der Welt begegnet. Das Schöne ist da. Es fasziniert uns und bewegt uns von sich aus, diese Welt zu hegen und zu pflegen, das Schöne zu hüten und zu schützen und die Welt auch im Sinne Gottes zu gestalten. Eine Spiritualität, die das Schöne wahrnimmt, führt auch zu einem anderen Gottesbild. Da ist nicht mehr der kontrollierende Buchhaltergott, nicht mehr der strafende und richtende Gott, sondern der Gott, der von seinem Wesen her Kreativität ist, der leidenschaftlich gerne Schönes schafft. Gott erscheint dann als Licht, das uns erleuchtet und uns in der Schöpfung entgegenstrahlt. Und Gott ist der, der unsere tiefste Sehnsucht nach dem Genießen erfüllt. Gott ist die wahre Schönheit, die wir staunend und anbetend genießen dürfen.

Eine Spiritualität, die an der Schönheit der Welt vorübergeht, wird leicht zu einer asketischen oder aber moralisierenden Spiritualität. Sie geht ständig von dem aus, was der Mensch *sollte*. Wenn wir uns jedoch dem Schönen zuwenden, dann gehen wir nicht von den Defiziten des Menschen aus. Wir nehmen vielmehr die Fülle und die Schönheit des Lebens wahr, wie Gott sie uns geschenkt hat. Es ist eine empfangende Spiritualität. Und es ist eine Spiritualität der Dankbarkeit für das, was wir täglich empfangen. Der spirituelle Mensch ist nicht der, der die Augen verschließt und nur nach innen horcht.

Das ist auch ein Aspekt der Spiritualität. Genauso wichtig aber ist es, dass wir unsere Augen öffnen und auf das schauen, was Gott uns täglich vor Augen führt: die Schönheit der Landschaft, die Lieblichkeit der Blumen, die herrliche Kraft der Berge, das Rauschen des Windes, das Strahlen der Sonne, das Singen der Vögel, das Spielen der Fische im Wasser.

Kontemplation hat mit Schauen zu tun. Schönheit ist das, was wir schauen. Es braucht eine schauende Spiritualität, die wahrnimmt, was an Schönheit uns umgibt und was an Schönheit in uns ist und in den Menschen, denen wir begegnen. Und es braucht eine Spiritualität, die die Schönheit hörbar und sichtbar macht. Das Hörbarmachen geschieht im Singen, im Loben Gottes. Und das Sichtbarmachen geschieht einmal in der Liturgie, aber auch in der konkreten Gestaltung des Lebens, in der Einrichtung der Wohnung, in der Art, wie wir uns bewegen. Wenn ein spiritueller Mensch geht, spürt man in seinem Gang etwas von der Schönheit des Gehens, in seinen Gebärden die Schönheit des Leibes, in seinem Gesicht die Schönheit des Lichtes, das von Gott kommt und uns durchstrahlt.

Eine solche Spiritualität, die die Schönheit in den Mittelpunkt stellt, verliert alles Harte und Dumpfe und Dunkle, das oft die christliche Spiritualität der letzten Jahrhunderte geprägt hat. Es ist eine Spiritualität der Freude, der Lebendigkeit, der Freiheit. Sie freut sich an den Werken Gottes, an der Schönheit des Leibes und des Lebens. Und sie drückt diese Schönheit im Gesang und in der Kunst aus, aber auch in der konkreten Gestaltung des Alltags. Die Schönheit zeigt sich auch in einem schönen Leben, in einem Leben, das einen schönen und guten Rhythmus in sich hat.

Wenn ich in ein Kloster komme, spüre ich an den äußeren Formen, an der Gestaltung der Zimmer, der Kirche, an den Formen des Miteinanders, an der Art der gemeinsamen Mahlzeiten und an der Art und Weise, wie die Gemeinschaft Liturgie feiert, ob da eine Spiritualität der Schönheit und Dankbarkeit praktiziert wird oder aber eine Spiritualität der Verneinung oder des Überspringens der irdischen Wirklichkeit. Wenn ich in einer Pfarrei zur Aushilfe bin, spüre ich an der Art und Weise, wie die Sakristei aussieht und wie der Altarraum gestaltet ist, ob da ein Sinn für Schönheit herrscht oder aber ob Liturgie nur eine Pflicht ist, die die Gemeinde freudlos erfüllt. Wo Schönheit im Mittelpunkt der Spiritualität steht, da spürt man die Freude, die von ihr ausgeht. Es ist eine Haltung der Freude und zugleich der Dankbarkeit für all das Schöne, das Gott uns zugedacht hat in seiner Schöpfung und das wir wahrnehmen in allem, was ist, und das wir darstellen in der Art unserer Gottesdienste, unserer Bewegungen und unseres Singens.

Allerdings meint eine Spiritualität der Schönheit nicht, dass ich mich in eine schöne und harmonische Welt flüchte. Vielmehr geht es darum, die Schönheit in allem wahrzunehmen, was ist, in der Trauer, im Schmerz, in der Verletzung, im Scheitern. Die Spiritualität der Schönheit schaut die ganze Welt an, wie sie ist. Sie hat auch einen Sinn für die schreckliche Schönheit, die uns in einem Gewitter begegnet. Und sie erkennt selbst noch im Zerbrechen und Scheitern eine Schönheit.

Mich hat der Film *Alexis Sorbas* berührt. Als der Lastenaufzug, den Sorbas mühevoll aufgebaut hatte, zusammengekracht ist, meint er, er habe noch nie einen Aufzug so schön zusammenkrachen sehen. Und als Antwort tanzt er den Sirtaki. In dieser Haltung wird etwas sichtbar von der Spiritualität der Schönheit. Sie verdrängt nichts, sie sieht das Leben, wie es ist, in all seiner Abgründigkeit, mit seiner Krankheit, mit dem Sterben, Scheitern und mit der Verzweiflung. Aber in allem sieht sie auch eine Größe, eine innere Schönheit.

Die Spiritualität der Schönheit beschränkt sich nicht auf eine reine Ästhetik. Sie erkennt vielmehr in allem, was ist, den Widerstrahl der Herrlichkeit Gottes. Sie sieht den Glanz Gottes selbst in den matten Augen eines Sterbenden. Sie erkennt das Licht Gottes, das mitten in der Dunkelheit aufstrahlt. Und sie sieht selbst in einem Menschen, den wir auf den ersten Blick als heruntergekommen und verwahrlost bezeichnen, noch eine Schönheit, die ihn verwandeln könnte.

Das Schöne in jedem Menschen zu sehen entspricht der Forderung Benedikts von Nursia, in jedem Menschen Christus zu sehen. Bisher habe ich dieses Wort Benedikts immer so interpretiert, dass wir den guten Kern in jedem Menschen sehen. Aber nachdem ich mich mit dem Thema der Schönheit beschäftigt

habe, habe ich versucht, die Menschen mit neuen Augen anzuschauen. Ich habe mir vorgestellt, dass in jedem Mensch etwas
Schönes ist, ein Glanz, der durchbrechen möchte durch alle Ver-
dunkelungen und Verstellungen hindurch.

Bei Kursen mache ich manchmal die Übung, dass sich die Teilnehmer – Männer und Frauen – in zwei Reihen gegenüberstehen.
Jeder nimmt den anderen wahr und versucht, in ihm Christus zu
sehen, den guten Kern, den göttlichen Kern. Wir sollen schauen,
ohne zu bewerten, mit einem Blick, der einfach sein lässt. In letz-
ter Zeit ergänze ich die Anleitungen bei dieser Übung damit, dass
ich die Teilnehmer dazu auffordere, das Schöne in diesem Menschen wahrzunehmen.

Jeder Mensch ist schön. Wenn ich das Schöne in ihm wahrnehme, dann geschieht das, was Dostojewski in seinem Roman
Der Idiot gemeint hat: dass alle Menschen Brüder und Schwestern
werden. Wenn ich das Schöne in jedem Menschen sehe, dann
wird mir jeder irgendwie sympathisch. Ich sehe in ihm etwas, was
mich anzieht. Das Schöne ist ja immer auch das Anziehende und
das Angenehme. Auch in Menschen, die auf den ersten Blick den
Eindruck des Unangenehmen und Unsympathischen machen,
kann ich das Angenehme des Schönen erkennen. Und dann werde ich ihm anders begegnen. Er wird mir zum Bruder, und sie
wird mir zur Schwester.

DIE SCHÖNHEIT IM INNEREN
DES MENSCHEN – EVAGRIUS PONTICUS

Doch bevor ich das Schöne im anderen sehe, soll ich es erst einmal in mir selbst schauen. Etwas von dieser Spiritualität der Schönheit erkenne ich bei Evagrius Ponticus und bei den Mystikern der christlichen Tradition. Evagrius hat die Leidenschaften der Menschen beobachtet. Da gibt es Leidenschaften, die den Menschen in Griff haben. Der geistliche Weg führt über das Ringen mit den Leidenschaften. Aber das Ziel ist der innere Raum der Stille, der auf dem Grund der Seele in jedem Menschen vorhanden ist. Evagrius nennt diesen Raum der Stille den »*Ort Gottes*«. Und er spricht von dem inneren Licht. Unter allen Leidenschaften ist also in jedem Menschen ein Ort innerer Schönheit, ein Ort der *claritas*, des Glanzes, der Herrlichkeit. Evagrius nennt diesen inneren Ort der Schönheit im Menschen

> »*Schau des Friedens*«, an dem einer in sich jenen »*Frieden*« schaut, der erhabener ist als jedes Verstehen und der unsere Herzen behütet.
>
> EVAGRIUS, BRIEF 39

Das Schöne ist immer auch das, was uns erhebt, das Erhabene, das uns fasziniert. Und das Schöne vermittelt in uns einen tiefen inneren Frieden. Im Schönen kommen wir innerlich zur Ruhe.

Doch der Weg zu dieser inneren Schönheit, an der wir uns erfreuen sollen, führt über die eigene Wahrheit. Und die eigene Wahrheit ist nicht immer angenehm. Da begegnen wir der Abgründigkeit unserer Seele, der Aggressivität, den Rachegefühlen, der Depression, der Verzweiflung, der inneren Dunkelheit und Bosheit. Doch Spiritualität heißt nicht, gegen das Dunkle zu kämpfen, sondern durch es hindurchzugehen in den Grund der Seele, in dem die Schönheit Gottes aufleuchtet in dem einmaligen und einzigartigen Bild, das Gott sich von uns gemacht hat. Und von diesem einmaligen Bild Gottes, das jeder von uns ist, gilt das, was Gott am sechsten Schöpfungstag gesagt hat: Es war sehr gut. Es war sehr schön. (Genesis 1,31)

Evagrius Ponticus lädt uns also ein, durch alles Chaotische und Dunkle hindurch auf das innere Licht, auf die innere Klarheit und Schönheit zu schauen. Auch in mir ist dieses schöne Bild Gottes, das zwar manchmal verstellt ist durch meine dunklen Seiten, das aber auf dem Grund meiner Seele in seiner ursprünglichen Schönheit aufleuchtet. Spiritualität heißt, den Weg nach innen zu gehen und dankbar diese innere Schönheit wahrzunehmen, die Gott auch mir geschenkt hat.

Was Evagrius als den inneren Ort Gottes und Schau des Friedens beschreibt, haben die Mystiker in vielen Bildern ausgedrückt. Meister Eckehart spricht von der *scintilla animae*, vom Seelenfünklein, Tauler vom Seelengrund, Katharina von Siena von der inneren Zelle und Teresa von Ávila vom innersten Gemach der Seelenburg. Auch die Seelenburg mit ihren vielen Gemächern und dem innersten Gemach, in dem Christus wohnt, ist von Schönheit geprägt. Und die Mystiker sprechen immer wieder vom inneren Licht, vom Glanz Gottes, von der Schönheit Gottes, die auf dem Grund meiner Seele aufleuchtet. Die Mystiker hatten als schauende Menschen ein Gespür für die Schönheit Gottes in der Natur, aber auch in ihrer Seele. Sie sprechen von Licht und Erleuchtung. Johannes vom Kreuz erfährt Gott in seinem Herzen als Liebesflamme, die ihn zärtlich verwundet. Gerade Johannes vom Kreuz hatte ein wunderbares Gespür für die Schönheit der Schöpfung und der menschlichen Seele.

SCHÖNHEIT ALS DIE HEIMAT DES HERZENS – JOHN O'DONOHUE

Der irische Theologe und Schriftsteller John O'Donohue führt für mich in einer modernen Sprache das weiter, was Evagrius vor 1600 Jahren angesprochen hat. O'Donohue ist 1955 in einem kleinen Dorf in Irland geboren, wurde katholischer Priester und promovierte 1990 in Tübingen über Hegel. Er gab sein Priestertum auf und wurde zu einem Kultautor keltischer Spiritualität, die in die christliche Spiritualität Irlands eingeflossen ist. 2008 ist er während eines Urlaubs in Frankreich plötzlich gestorben. O'Donohue spricht von der Schönheit, die uns besucht:

> Es ist so, als wären wir im Exil, und die Heimat käme für eine Weile zu Besuch.
>
> O'DONOHUE, SCHÖNHEIT 272

Und er meint,

> dass die Schönheit die Heimat des Herzens ist. Wenn es in Schönheit weilen kann, ist das Herz daheim. Das menschliche Herz ist das Meisterwerk des uranfänglichen Künstlers. Gott schuf es für die ewige Verwandtschaft mit der Schönheit.
>
> O'DONOHUE, SCHÖNHEIT 273f

Der irische Autor zitiert Thomas von Aquin, der erkannt hat,

> dass die Schönheit im Kern der Wirklichkeit ruht.
>
> O'DONOHUE, SCHÖNHEIT 277

Die Schönheit in unserem Herzen bewahrt uns davor, dass die verschiedenen Bedürfnisse und Bestrebungen unseres Herzens uns innerlich zerreißen und in uns ein

qualvolles Chaos ausbricht. Durch die Präsenz der Schönheit erwacht die Sehnsucht nach dem Guten, die Schönheit erfüllt das Seiende mit ihrem Glanz.

O'DONOHUE, SCHÖNHEIT 277

Diese Gedanken des irischen Dichters haben mich fasziniert und zugleich angeregt, sie weiterzudenken. Unser Herz sehnt sich nach einem Ort, an dem es daheim sein kann. Bisher habe ich immer gesagt: Daheim sein kann man nur, wo das Geheimnis wohnt. Das stimmt nach wie vor für mich. Aber was ist das Geheimnis? Wo fühle ich mich daheim? Ich fühle mich dort daheim, wo das Geheimnis Gottes dem Geheimnis meiner eigenen Seele entspricht. Das Geheimnis Gottes ist aber immer auch ein Geheimnis der Schönheit. Dort, wo ich etwas Schönes erlebe, ahne ich etwas von der Urschönheit Gottes, vom Geheimnis der Schönheit überhaupt. Und dann fühle ich mich daheim. Ich fühle mich vom Geheimnis der Schönheit umgeben. Doch die Schönheit ist nicht nur in Gott, sondern auch in meinem Herzen. Unser Herz kennt die Ursehnsucht nach Schönheit.

Wenn wir uns der Schönheit bewusst werden, die Gott ist, ergreift uns intensiv das Gefühl, nach Hause zu kommen.

O'DONOHUE, SCHÖNHEIT 280

Das Schöne ist für O'Donohue ein Zufluchtsort für die Seele. Das Schöne nehmen wir zuerst in der Natur wahr. Die Schönheit der Natur schenkt uns das Gefühl der Zugehörigkeit. Unsere Seele weiß sich verwandt mit der Schönheit, die sie in der Natur umgibt. So fühlt sie sich in der Schönheit geborgen und zugehörig. Doch die Schönheit der Natur bringt uns mit der Schönheit der eigenen Seele, des eigenen Herzens in Berührung. In uns ist der Ort der Schönheit und der Zugehörigkeit:

> Wenn wir den Ort unserer Zugehörigkeit in uns haben, sind wir zentriert und frei. Selbst der wütendste Sturm des Leidens oder der Verwirrung wird uns dann nicht heimatlos machen. Selbst wenn wir uns im Strudel der Ruhelosigkeit befinden, wird uns ein Ort in uns unerschütterlichen Halt geben.

O'DONOHUE, LANDSCHAFT DER SEELE 61

Den Sinn für das Schöne zu wecken ist daher nicht etwas rein Ästhetisches. Gerade in den Turbulenzen unseres Lebens, die von außen oder von innen uns durcheinanderbringen möchten, brauchen wir den Ort der Schönheit in unserem Herzen, damit wir dort geborgen sind und uns zugehörig wissen. Dann haben die äußeren Gefährdungen nicht mehr solche Macht über uns. Wir fühlen uns mitten im Druck, der von der Arbeit her auf uns lastet, nicht mehr erdrückt. Wir können in allen Situationen Zuflucht suchen im eigenen Herzen und dort die Sehnsucht nach dem Schönen wahrnehmen. Blaise Pascal hat uns den weisen Rat gegeben:

> Halte in schwierigen Zeiten immer etwas Schönes in deinem Herzen.

Gerade dann, wenn es uns nicht so gut geht, sollten wir gut für uns sorgen. Und eine wichtige Sorge besteht darin, dass wir in unserem Herzen etwas Schönes behalten, dass wir uns an Schönes erinnern, das wir gesehen haben, dass wir die Sehnsucht nach dem Schönen in uns spüren und dass wir die Schönheit der eigenen Seele wahrnehmen, die trotz aller Schuld, die sie auf sich geladen hat, immer etwas von der ursprünglichen Schönheit in sich bewahrt.

Evagrius Ponticus beschreibt als Ziel unseres spirituellen Weges die apatheia, die Freiheit vom Hin- und Hergerissenwerden durch die Leidenschaften. Wenn wir nicht mehr von den Leidenschaften getrieben werden, werden wir fähig, ganz im Augenblick zu sein. Das ist die Voraussetzung des kontemplativen Betens: Ich bin ganz im Augenblick, umgeben von Gottes Gegenwart. Und ich bin präsent in meinem Innern, im Grund meiner Seele. Diese Präsenz, die das Ziel des geistlichen Weges ist, ist die Voraussetzung, das Schöne wahrzunehmen. Zugleich wird jedoch auch durch die Schönheit diese Präsenz bewirkt. O'Donohue schreibt:

> Im Kern der Spiritualität steht das Erwachen zur wahren Präsenz. Diese Präsenz lässt sich nicht herstellen oder erzwingen. Wenn wir wirklich präsent sind, sind wir so da, wie wir sind: Image und Dünkel spielen keine Rolle mehr. Echte Präsenz ereignet sich ganz natürlich.
>
> O'DONOHUE, SCHÖNHEIT 282

Für den irischen Dichter ereignet sich die Präsenz, wenn wir uns von Gott im Schönen finden lassen.

O'Donohue meint, dass Gott jeden Menschen mit der Leuchtkraft göttlicher Schönheit ausgestattet hat.

> In jedem Menschen verbirgt sich eine tiefe Schönheit.
>
> O'DONOHUE, ANAM CARA 121

> Das Schöne, das wir in der Natur, im menschlichen Antlitz und in der Kunst wahrnehmen und in uns einbilden, bringt uns in Berührung mit dem Schönen in unserer Seele. Und so erleben wir uns anders als wenn

wir immer nur um unsere Schuld kreisen: *Die Schönheit ruft uns zur vollendeten Eleganz der Seele auf. Sie erinnert uns daran, dass wir Erben der Eleganz und der Würde des Geistes sind, und ermutigt uns dazu, uns des Göttlichen in unserem Inneren bewusst zu werden.*

O'DONOHUE, SCHÖNHEIT 296

Das bewahrt uns davor, uns selbst herabzusetzen und uns selbst zu verurteilen. Im Schönen in unserer Seele ist Gott selbst in uns anwesend, er

durchdringt unsere Seele und verwandelt alle Kleinlichkeit, Beschränktheit und Zerrissenheit.

O'DONOHUE, SCHÖNHEIT 296

Die Voraussetzung, um das Schöne um uns herum und in uns wahrzunehmen, ist die kontemplative Haltung. Im Gebet gelangen wir in den inneren Raum der Stille, in dem Gott in uns wohnt. Der Weg in diesen inneren Raum der Stille und der Schönheit geht über unsere »*Zerbrechlichkeit, Kleinlichkeit und Finsternis*«. Doch wir bleiben nicht in unserer Brüchigkeit, in unseren Wunden und Verletzungen stecken.

Der kontemplative Mensch ist zu jenem Heiligtum der Seele vorgedrungen, in dem die Liebe wohnt.

O'DONOHUE, SCHÖNHEIT 302

Das Ziel des kontemplativen Gebetes ist es, in diesem Raum von Liebe und Schönheit zur Ruhe zu kommen. Aber diese Ruhe ist kein Sich-selbst-Genügen. Sie gibt uns vielmehr Kraft, diese Welt mit der Güte Jesu Christi, die in seiner Schönheit uns fasziniert und verwandelt, zu durchdringen.

Für den irischen Schriftsteller ist das Schöne, das wir in unserem Herzen bewahren und in dem unser Herz seine Heimat findet, ein Schutzwall gegen die Sorgen und Kümmernisse, die sich gerne in uns niederlassen möchten.

Wenn wir unseren natürlichen Schutzschild außer Kraft setzen, gibt es nichts, was diese Sorgen daran hindern könnte, in uns einzudringen und sich in verschiedenen Ecken und Winkeln unseres Geistes häuslich einzurichten. Und je länger wir sie dort wohnen lassen, desto schwieriger wird es für uns, sie am Ende hinauszuwerfen.

O'DONOHUE, ANAM CARA 206

Wir sehen es einem Menschen an, ob er sich von Sorgen und Kummer bestimmen lässt. Dann wirkt sein Gesicht oft auch unzufrieden. Wir sehen ihm nicht gerne ins Gesicht. Etwas stößt uns ab. Umgekehrt jedoch bei einem Menschen, der trotz aller Sorgen und Leidsituationen das Schöne in seinem Herzen bewahrt hat.

Es ist schön, einem alten Menschen zu begegnen, dessen zerfurchtes Gesicht von vergangenen Prüfungen, Sorgen und Mühsalen zeugt, ihm in die Augen zu sehen und dort ein sanftes Licht zu erblicken. Dieses Licht ist unschuldig – doch nicht aus Unerfahrenheit, sondern aus vertrauensvollem Glauben an das Gute, Wahre und Schöne. Solch ein Blick aus einem alten Gesicht ist wie ein Segen. Wenn er uns berührt, fühlen wir uns gut und heil.

O'DONOHUE, ANAM CARA 206

Die Schönheit ist die Heimat des Herzens, weil Gott unserem Herzen die Fähigkeit, das Schöne zu erkennen, eingegeben hat. Und die Schönheit ist unsere innere Heimat, weil Gott uns selbst schön gestaltet hat. Er hat uns einen schönen Leib und eine schöne Seele geschenkt. Im Erkennen und Bestaunen der Schönheit, im Verweilen bei einer schönen Blume, beim Wandern in schöner Landschaft, beim Betrachten eines schönen Kunstwerkes kommen wir in Berührung mit der Schönheit unserer Seele. Daher fühlen wir uns beim Schönen daheim. Wir kommen zu uns selbst, in unser eigenes Wesen. Und die Betrachtung des Schönen verwandelt uns, macht uns selbst schön, so wie O'Donohue es bei alten Menschen beobachtet hat, die trotz aller Beschwernisse des Alters sich den Sinn für das Schöne bewahrt haben.

So bewahrheitet sich auch hier der Satz von Dostojewski: »Schönheit wird die Welt retten.« Schönheit heilt unsere zerrissene Seele. Und die Schönheit, die dann von uns ausstrahlt, hat eine heilende Wirkung auf die Menschen. Es liegt an uns, uns – ohne den Konflikten und Gefährdungen unseres Lebens auszuweichen, ohne das Böse, das auch in der Welt ist, zu leugnen – immer wieder für das Schöne zu entscheiden, uns Zeit zu nehmen, das Schöne in dieser Welt wahrzunehmen, zu hören, zu schauen, zu schmecken, zu betasten. So kann im Schönen Gott selbst uns berühren, der für Plotin das Urschöne ist. Schönheit hat immer etwas mit Gott zu tun.

Das hat der französische Dramatiker Jean Anouilh erkannt, wenn er schreibt:

Schönheit ist eines der seltenen Wunder, die unsere Zweifel an Gott verstummen lassen.

GESTRICH 47

Das Schöne kann gerade heute, da viele an der Gottesferne leiden, ein Einfallstor für Gott werden, der Ort, an dem sie die Spur Gottes in dieser Welt und in ihrem Herzen neu erkennen.

SIEBEN HALTUNGEN EINER
SPIRITUALITÄT DER SCHÖNHEIT

SCHAUEN

Für den russischen Dichter Dostojewski hängt die Schönheit mit der sechsten Seligpreisung Jesu zusammen:

Selig die reinen Herzens sind, sie werden Gott schauen.

MATTHÄUS 5,8

Ich werde das Schöne nicht erkennen, wenn ich die Menschen und die Natur und die Kunst mit einem gierigen Auge anschaue. Es braucht das reine Auge, das die Natur sein lässt, wie sie ist, das die Menschen sein lässt, wie sie sind. Unser Auge beurteilt oft alles, was wir sehen. Wir beurteilen den Menschen nach irgendwelchen äußeren Schönheitsidealen. Es braucht das reine Herz, das den anderen anschaut, ohne etwas von ihm zu wollen, ohne ihn zu vereinnahmen, ohne ihn zu bewerten. Es lässt ihn einfach so, wie er ist. Dann erkenne ich in ihm die Schönheit. Man könnte auch sagen: Es sind Augen des Glaubens, die das Schöne im Menschen sehen und das Schöne in der Natur bestaunen.

Wer den anderen durch die Brille seiner Projektionen anschaut, der wird das Schöne in ihm nicht erkennen. Wer die Natur mit der Brille des Profits wahrnimmt, der geht an ihrer Schönheit vorbei. Er sieht nur den Nutzen in allem. Das ist für Dostojewski ein Wesenszug des reinen Herzens: zu verzichten auf alle Nützlichkeit, mit lauterem Herzen die Dinge sein lassen, wie sie sind. Die Spiritualität der Schönheit will uns in die Schule des Schauens einladen. Wir müssen wieder neu lernen, zu schauen ohne irgendwelche Nebenabsichten, zu betrachten und bestaunen, anstatt alles auf den eigenen Nutzen zu beziehen. Es ist ein Schauen, in dem wir uns selbst vergessen. Und indem wir uns selbst vergessen, sind wir ganz wir selbst, sind wir ganz im Augenblick.

GENIESSEN

Die Spiritualität der Schönheit ist eine Spiritualität des Genießens. Genießen bezieht sich sowohl auf das Sehen als auch auf das Hören und das Schmecken. Die Frauenmystik des Mittelalters war eine Mystik des Schmeckens. Die Frauen in den Klöstern und in den Laiengemeinschaften der Beginen haben in der Eucharistie die Süßigkeit Jesu geschmeckt und genossen.

Die Schönheit will auch genossen werden. Aber hier geht das Genießen vor allem über das Schauen und Hören. Beim Schmecken sagen wir: Es schmeckt gut, es schmeckt wunderbar. Beim Schauen und Hören sagen wir: Die Natur ist schön, die Musik ist schön. Aber letztlich ist hier das Gleiche gemeint. Was wir schmecken, hören und schauen, ist schön. Es verzaubert uns, es verwandelt uns.

Der Genuss war im Christentum lange Zeit verpönt. Die Kirchenväter haben den griechischen Philosophen Epikur, der eine Philosophie des Genießens entfaltet hat, abgelehnt und ihn oft lächerlich gemacht. In ihrem Streben nach Askese haben sie in ihm offensichtlich die eigenen Schattenseiten erkannt und bekämpft.

Allein Clemens von Alexandrien hat den Genuss positiver gesehen. Er war Grieche und hat Askese als Übung in die innere Freiheit verstanden. Und zu dieser Askese gehört auch die Einübung in das wahre Genießen. Denn genießen kann nur, wer auch zu verzichten vermag. Die Fähigkeit zu genießen hängt daran, dass

ich eine Grenze setze, dass ich nicht maßlos etwas in mich auf-
nehme, sondern stehen bleibe bei dem einen Blick, bei dem einen
Schluck Wein, bei diesem Ton, der jetzt in mich eindringt. Manchmal war die christliche Askese von Lebensverneinung geprägt.

Jesus steht für diese Spiritualität des Genießens. Doch er macht
in seinem Leben die schmerzliche Erfahrung, dass seine Spiritualität nicht verstanden wird. Die Leute haben sich nicht darauf
eingelassen, ebenso wenig auf die asketische Spiritualität Johannes des Täufers. Jesus beklagt sich:

> *Johannes der Täufer ist gekommen, er isst kein Brot und trinkt keinen
> Wein, und ihr sagt: Er ist von einem Dämon besessen. Der Menschen-
> sohn ist gekommen, er isst und trinkt; darauf sagt ihr: Dieser Fresser
> und Säufer, dieser Freund der Zöllner und Sünder! Und doch hat die
> Weisheit durch alle ihre Kinder recht bekommen.*
>
> LUKAS 7,33–35

Jesus trinkt voller Dankbarkeit den Wein, den Gott dem Menschen geschenkt hat. Und er zeigt damit den Sündern und Zöll-
nern, die sich an diesen Geschenken Gottes erfreuen und sie genießen, einen Weg der Umkehr: einen Weg, diese guten Gaben
in Dankbarkeit von Gott anzunehmen. Das Genießen ist für Jesus der Weg zu Gott, der Weg, der in die Liebe Gottes hinein-
führt. Die Pharisäer, die sowohl Johannes als auch Jesus abgelehnt
haben, schneiden sich mit ihrer Spiritualität vom Leben ab. Jesu Spiritualität des Genießens öffnet auch den weniger frommen
Menschen für Gott und lässt ihn das Geheimnis Gottes erahnen.
Die Mystik hat das verstanden, wenn sie als unser ewiges Ziel im
Himmel die »fruitio dei«, das Genießen Gottes sieht. Gott ist von
seinem Wesen her der, der unsere Sehnsucht nach wahrem Genuss erfüllt.

DANKBAR EMPFANGEN

Die Spiritualität der Schönheit betont vor allem menschlichen Tun das Empfangen des Menschen. Die Schönheit ist uns vorgegeben. Sie ist schon da, bevor wir etwas tun. Unsere Aufgabe ist, das, was Gott uns in der Schönheit geschenkt hat, dankbar anzunehmen. Wir sollen die Schönheit empfangen wie einen Gast, der uns entgegenkommt.

Ursprünglich ist das Empfangen nichts Passives, sondern ein aktives Aufnehmen dessen, was mir entgegenkommt. Andererseits wird Empfangen auch als das passive Hinnehmen einer Wohltat verstanden, die uns erwiesen wird. Und wir sprechen von Empfangen im Sinne von Schwangerwerden. Alle drei Bedeutungen sagen etwas über die Spiritualität der Schönheit aus. Wir nehmen aktiv das in uns hinein, wir nehmen in unser inneres Seelenhaus auf, was uns in der Schönheit des Seins, in der Schönheit der Natur oder der Kunst entgegenkommt. Wir empfangen in der Schönheit die Wohltat Gottes. Wir öffnen unsere Hände, damit wir die Schönheit aufnehmen können. Und indem wir die Schönheit in uns aufnehmen, werden wir schwanger davon, wird die Schönheit unseren Leib und unsere Seele verwandeln. Es wächst etwas Neues in uns. Wir werden fruchtbar.

Zu diesem dreifachen Sinn des Empfangens gehört aber auch die Dankbarkeit. Danken kommt von denken. Wenn wir richtig denken, wenn wir über die Welt angemessen nachdenken, dann werden wir dankbar für die Schönheit, die uns in allem begegnet. Täglich dürfen wir Schönes empfangen. Wir schauen mit den Augen ständig das Schöne, das in allem verborgen ist. Wir hören schöne Worte und schöne Musik. Wir sind dankbar für all das Schöne, das uns entgegenkommt und uns täglich geschenkt wird. Die Dankbarkeit ist eine wesentliche Haltung christlicher Spiritualität. Der Höhepunkt christlicher Gottesdienste ist die Eucharistie, die Danksagung für die schönen Werke Gottes, für das schöne und gute, für das angemessene und heilsame Handeln Gottes in Jesus Christus.

SICH VON DER SCHÖNHEIT
HEILEN LASSEN

Die Wahrnehmung des Schönen ist heilsam für den Menschen. Die Spiritualität der Schönheit entspricht daher meinem Anliegen einer therapeutischen Spiritualität. Aber das Schöne zu betrachten ist ein anderer Weg der Heilung, als meine Probleme anzuschauen und zu bearbeiten. Ich überspringe die Verletzungen meiner Lebensgeschichte nicht. Ich nehme sie wahr. Aber ich gehe durch sie hindurch in den Grund meiner Seele, in dem ich nicht nur der Stille und dem Geheimnis begegne, sondern auch der Schönheit meiner Seele und der Schönheit Gottes, die sich in dem inneren Licht spiegelt, von dem Evagrius Ponticus schreibt.

Für Evagrius ist das Ziel des geistlichen Weges, dieses innere Licht in sich wahrzunehmen. Es ist letztlich ein Wahrnehmen der inneren Schönheit. Und das ist, so sagt Evagrius, für den Menschen heilsam. Denn für ihn wird der Mensch nicht allein durch den Umgang mit seinen Leidenschaften gesund – das ist für ihn der asketische Weg –, sondern durch die Kontemplation – das wäre das Schauen der Schönheit um uns und in uns.

Die kontemplative Erkenntnis ist die Nahrung für die Seele,
denn sie allein verbindet uns mit den heiligen Mächten.

EVAGRIUS, PRAKTIKOS 56

Die Kontemplation des Schönen führt also nach Evagrius zur Gesundheit der Seele. Das Schöne macht den Menschen gesund. Oder wie Dostojewski sagt: »Schönheit wird die Welt retten, wird die Welt heilen.« Der Teufel und das Böse werden in der Tradition immer als hässlich dargestellt. Die Dämonen haben hässliche Fratzen. Das Gute ist immer auch schön. Und indem wir das Schöne in uns aufnehmen, kommt unsere Seele mit ihrem eigenen Wesen in Berührung, mit ihrer inneren Schönheit. Und diese Schönheit ist immer heilend.

In den letzten Jahren hat die Psychologie neu die heilende Kraft des Schönen entdeckt. Da legt man Wert darauf, die Therapieräume schön zu gestalten. Da lädt man die Klienten ein, schöne Musik zu hören. Und sie werden dazu angeregt, selbst Schönes zu gestalten. Indem sie aus dem Material, das ihnen vorgegeben wird – ein Stein, ein Klumpen Ton, ein Stück Holz, ein Blatt Papier und Malstifte –, etwas Schönes schaffen, verwandeln sie das Harte, Rohe, Chaotische, Kranke in sich in etwas Schönes. Das wirkt heilend auf das Kranke in ihrer Seele.

Genauso heilend aber wirkt auf uns, wenn wir uns dem Schönen zuwenden, das uns von außen entgegenkommt, und es offen aufnehmen und empfangen und davon sozusagen »schwanger werden«. Das Schöne ist für Thomas von Aquin ja das, was geordnet ist und zusammenklingt. Das Schöne in sich aufzunehmen bringt die eigene Seele in Ordnung und führt sie zum Einklang mit sich selbst. Und darin besteht das Wesen der Gesundheit.

Immer wieder erzählen mir Menschen, dass sie sich hier und da etwas Schönes gönnen. Sie schauen sich eine schöne Stadt an, die Kirchen, die Museen. Und sie haben den Eindruck, dass es ihrer Seele guttut. Sie fühlen sich innerlich erfrischt. Es geht etwas Heilendes von der Schönheit der Bauten und der Bilder aus.

Ein Mitbruder von mir genießt schöne Gärten. Wenn er durch einen schön angelegten Garten geht, dann blüht etwas in seiner Seele auf. Die Seele wird gereinigt und klar. Manche meinen, das sei reine Ästhetik. Aber wenn ich mich mit ganzer Seele der Schönheit öffne, dann ist das Spiritualität. Denn dann berührt und reinigt und heilt mich Gott selbst als die Urschönheit in allem Schönen.

DIE EIGENE SCHÖNHEIT ENTDECKEN

Das Schöne, das wir in der Schöpfung und in der Kunst wahrnehmen, ist ein Spiegel für die eigene Seele. In der Schönheit, die uns von außen entgegenkommt, erkennen wir auch die eigene Schönheit. Wir sind fasziniert von einer schönen Marienstatue, weil wir in ihr die Spur göttlicher Schönheit und zugleich die eigene Schönheit entdecken.

Daher hat die Schönheit mit Glauben und Hoffen zu tun. Ich schaue mit den Augen des Glaubens in die Welt, um in allem Schönen das Urschöne, das Göttliche, zu sehen. Und ich schaue mit Augen der Hoffnung auf das Schöne, das mir außen begegnet. Die Augen der Hoffnung vermitteln mir das Vertrauen, dass das Schöne auch in mir ist.

Nach Paulus gehört zur Hoffnung, dass wir auf das hoffen, was wir nicht sehen. (Römer 8,25) Wir sehen das Schöne in uns oft nicht. Unsere Augen sind gehalten. Wir sind fixiert auf das, was uns an uns missfällt. Doch für Paulus gehört zum Wesen unserer Glaubenserfahrung, dass wir uns »unserer Hoffnung auf die Herrlichkeit Gottes« (Römer 5,2) rühmen. Die lateinische Übersetzung hat die Herrlichkeit Gottes auf uns selbst bezogen. Sie spricht von der Hoffnung auf die Herrlichkeit der Söhne und Töchter Gottes: »spes gloriae filiorum Dei«.

Was geschieht in mir, wenn ich eine schöne Marienstatue anschaue, wenn ich die Schönheit einer Landschaft betrachte? Ich spüre in mir Freude über die Schönheit, die mir von außen entgegenkommt. Aber ich fühle mich auch anders. Mein Herz weitet sich. Ich fühle mich gut, und ich fühle mich schön. Nur was in uns ist, fasziniert uns. Die Faszination durch das Schöne weist mich hin auf das Schöne in mir. Und es ist gut, dass ich vom Schönen, das mir außen begegnet, den Blick nach innen lenke und dort all das Schöne entdecke, das mich so fasziniert.

In mir ist etwas von der Schönheit Mariens, von ihrer Liebenswürdigkeit (das Schöne ist für Anselm von Canterbury »amabilis«, liebenswert), von der Ausgewogenheit und dem Ebenmaß ihrer Gestalt. In mir ist etwas von der wunderbaren Landschaft, die ich betrachte. Wenn ich von einer schönen Landschaft träume, ist es immer ein Bild für meine eigene Seelenlandschaft. In mir ist das wunderbare Licht, das mir im Sonnenuntergang entgegenleuchtet. Ich gehe ganz im Betrachten des Sonnenuntergangs auf, weil ich mich in diesem Augenblick selbst als wunderbar erlebe.

Ich muss das Schöne in mir nicht betrachten. Ich fühle mich schön, wenn ich Schönes anschaue. Ich bin schön. Und das genieße ich, indem ich Schönes betrachte.

KONTEMPLATION UND EINSWERDEN MIT DEM SCHÖNEN

Kontemplation heißt: Betrachtung und Schauen. Die Griechen sprechen von *theoria* und meinen damit das reine Schauen. Es ist kein beurteilendes oder bewertendes Schauen. In diesem Schauen geht es vielmehr darum, eins zu werden mit dem Geschauten. Das Schauen war für die Griechen der wichtigste Sinn. *Theos* (Gott) kommt von *theastai* (geschaut werden). Im Schauen der Schönheit schaue ich Gott selbst. Und indem ich im Schauen mit Gott eins werde, werde ich auch mit Gottes Schönheit eins. Ich erkenne nicht nur die eigene Schönheit. Ich werde vielmehr eins mit dem Schönen um mich herum.

Die griechische Mystik war immer eine Mystik des Schauens. Im Schauen werde ich eins mit dem Geschauten. Daher war die griechische Mystik immer auch eine Einheitsmystik, eine Mystik des Einswerdens. Das Einswerden geschieht vor allem durch das Schauen.

Kontemplation als die Schau Gottes hat für Evagrius Ponticus zwei Stufen. Die erste Stufe ist die *theoria physike*, die Kontemplation der Natur. Sie sieht in der Schöpfung das Wesen aller Dinge, den göttlichen Urgrund. Sie erkennt in der Schönheit der Schöpfung das Urschöne Gottes. Die zweite Stufe ist die Kontemplation des dreifaltigen Gottes. In ihr wird der Mensch, der sich von seinen Leidenschaften und von seinen eigenen Gedanken entleert hat, eins mit Gott, der jenseits aller Gedanken ist.

Wer mit Gott in der Kontemplation eins wird, der kann Gott nicht als etwas Besonderes sehen, sondern er sieht Gott in allem. Und er sieht ihn in sich selbst. Denn die Kontemplation ist verbunden mit dem Schauen eines inneren Lichtes. Gott leuchtet also wie in einem Spiegel in der menschlichen Seele auf. In der Zeit des Gebetes, so sagt Evagrius, erscheint dem Menschen

sein eigener Zustand ... wie ein Saphir
oder nach Art und Farbe des Himmels.

EVAGRIUS, BRIEF 39

Die Kontemplation als Einswerden mit Gott heißt für die griechische Mystik: Einswerden mit dem Licht und selbst zum Licht werden, Einswerden mit dem Schönen und selbst schön werden und Einswerden mit der Liebe und selbst zur Liebe werden.

DIE WELT UND DAS LEBEN
SCHÖN GESTALTEN

Aber noch ein weiterer Aspekt ist mir bei der Beschäftigung mit dem Schönen aufgegangen. Es geht nicht nur darum, das Schöne wahrzunehmen, sondern auch Schönes zu schaffen. Gott hat uns Anteil an seiner schöpferischen Kraft geschenkt. So ist es unsere Aufgabe, diese Welt schön zu gestalten und uns selbst das Leben schön zu machen. Wir können auch anderen Menschen das Leben schöner machen, indem wir schöne Räume gestalten, schöne Feste feiern, ein schönes Bild malen, eine schöne Musik spielen. Es ist unsere Verantwortung, dass wir diese Welt im Sinne Gottes gestalten und die Schönheit, die Gott in die Welt gelegt hat, durch unser Handeln nicht zu verdecken, sondern zur Geltung bringen.

Eine Erzieherin erzählte mir, dass sie als Kind immer mit Puppen gespielt habe. Ihr war es wichtig, dass die Puppen schön angezogen waren. Ihr Lebenstraum war: Schönheit vermitteln, Schönes zu gestalten und zu schaffen. Sie hat den Raum schön gestaltet, in dem die Kinder sich am Morgen versammelt haben. Sie hat die Gruppe schön geordnet und die Kinder Schönes erleben lassen. Sie hat schöne Lieder mit ihnen gesungen, Schönes gebastelt. Die Kinder waren bei dieser Kindergärtnerin viel ruhiger als bei anderen, die ständig geschimpft haben, dass sie endlich Ruhe geben sollen. Indem die Kinder sich vom Schönen berühren ließen und

Lust bekamen, Schönes zu gestalten, kamen sie mit der Schönheit in ihrem Herzen in Berührung. Sie kamen bei sich selber an. Sie kamen nach Hause.

So besteht für mich Spiritualität auch darin, etwas Schönes zu schaffen. Mir ist es wichtig, über das Schöne auch in einer schönen Sprache zu schreiben. Andere gestalten ihre Wohnung schön oder ihren Garten. Andere decken täglich den Tisch schön und genießen so die Schönheit des Mahles. Oder sie machen es den Gästen schön und gewähren ihnen so einen Raum von Heimat. Schönes um sich zu schaffen und zu gestalten ist nicht eine Frage der Ästhetik, sondern der Spiritualität. Letztlich ist es priesterliches Tun, dass wir als Priester und Priesterinnen das Heilige und Schöne nicht nur hüten, sondern es auch darstellen, diese Welt schöner machen, indem wir dort, wo wir sind, Schönheit verbreiten.

Ein Priester, der seine Wohnung so verstellt, dass er kaum noch die Treppe hinaufkommt, wird auch keine schöne Liturgie feiern. Und er wird kein Gespür dafür haben, dass der Pfarrgemeinderat in einem schön hergerichteten Raum tagt. Wenn die Sekretärin das Büro des Chefs schön herrichtet, ist das immer auch ein spirituelles Tun. Sie schafft eine schöne Atmosphäre und leistet damit einen wichtigen Beitrag zu einer guten Arbeit.

Unsere Würde als Menschen besteht darin, dass wir an der Schöpferkraft Gottes teilhaben. So besteht Spiritualität auch darin, dass wir uns dankbar dem Schöpferischen in uns zuwenden. In uns ist eine Quelle des Schöpferischen, in uns ist eine Quelle des Schönen. Und unsere Aufgabe ist es, diese Quelle des Schönen und Kreativen in uns sprudeln zu lassen, zum Segen für uns selbst und für die Menschen, damit durch uns Schönes entsteht, das heilsam für die Menschen ist. Und so können wir selbst dazu beitragen, dass »Schönheit die Welt rettet«.

EINIGE GEDANKEN ZUM SCHLUSS

Beim Schreiben dieses Buches bin ich von der Einsicht des russischen Dichters Dostojewski ausgegangen: »Schönheit wird die Welt retten.« Im Prozess des Schreibens bin ich immer wieder auf neue Bücher in unserer Bibliothek gestoßen, die das Geheimnis des Schönen behandeln. Das Lesen und Nachdenken über die Gedanken, die ich dort gefunden habe, haben mich und meine Spiritualität verwandelt.

Meine Spiritualität war immer eine therapeutische Spiritualität. Ich habe mich immer gefragt, wie wir den Heilungsauftrag, den Jesus seinen Jüngern gegeben hat, heute konkret verwirklichen können, wie wir Dämonen austreiben, die Menschen von trüben Geistern, von falschen Selbstbildern und Gottesbildern, von Illusionen über sich und ihr Leben befreien können und wie wir die heilende Kraft Jesu heute erfahren können. Dabei war mir immer schon die Liturgie ein wichtiger Ort, an dem wir den heilenden Worten und der heilenden Hand Jesu begegnen. Und die geistliche Tradition christlicher Askese und Mystik – angefangen von den frühen Mönchen über die Kirchenväter bis hin zu den Mystikern Meister Eckehart und Teresa von Ávila – hat mich dabei geprägt.

Die Beschäftigung mit dem Schönen hat diese Spiritualität nicht entkräftet. Aber sie hat mir neue Aspekte christlicher Spiritualität erschlossen, die ich bisher noch nicht so bewusst wahrgenommen habe. Ich habe die heilende Kraft des Schönen für mich neu entdeckt.

So vertraue und hoffe ich, dass die Leser und Leserinnen sich von den Gedanken dieses Buches – das ja die reiche christliche Tradition aufgreift – anregen lassen, einen neuen Sinn für das Schöne in der Natur, in der Kunst, in der Liturgie zu entwickeln und das Schöne in ihrem eigenen Herzen zu entdecken, das in der Schönheit seine Heimat findet. So möge das Lesen über das Schöne für die Leser und Leserinnen heilsam sein, ihre inneren Turbulenzen beruhigen und das Chaos im eigenen Herzen ordnen und so Schönheit im Herzen bewirken. Und ich wünsche allen Leserinnen und Lesern, dass sie Lust bekommen, sich und anderen das Leben schöner zu machen, sich Schönheit zu gönnen und diese Welt schöner werden zu lassen.

Unser Sein ist immer zugleich wahr, gut und schön. Über die Wahrheit und die Güte des Seins, über den Gott, der mich in die Wahrheit führt, über den guten Gott, der mit seiner Liebe uns heilt und dessen Liebe in Jesus Christus erschienen ist, habe ich immer wieder geschrieben. In diesem Buch ging es um die dritte Weise des Seins: Das Sein ist immer auch schön. Gott ist die Urschönheit, die uns fasziniert. Diese Urschönheit strahlt in allem Schönen auf, das wir in dieser Welt wahrnehmen. Und sie leuchtet in unserer schönen Seele auf.

So wünsche ich Ihnen, dass Sie sich vom Schönen – von schöner Musik, von schöner Landschaft, von schöner Kunst, von schöner Liturgie und schöner Sprache – faszinieren und so immer tiefer in das Geheimnis der göttlichen Schönheit und in das Geheimnis Ihrer schönen Seele hineinführen lassen.

QUELLEN UND HINWEISE ZUM WEITERLESEN

Georg Bertram: »kalos in christologischen Aussagen der alten Kirche«, in: Theologisches Wörterbuch zum Neuen Testament 553–558.

Otto Betz: Schönheit spricht zu allen Herzen. Das Simone-Weil-Lesebuch. München 2009.

Rudolf Bohren: Dass Gott schön werde. Praktische Theologie als theologische Ästhetik. München 1975.

Claude Debussy: Monsieur Croche. Sämtliche Schriften und Interviews, herausgegeben von François Lesure, übersetzt von Josef Häusler, Stuttgart 1982.

Fjodor Michailowitsch Dostojewski: Der Idiot. Zweiter Band, Hamburg 1958.

Umberto Eco (Hrsg.): Die Geschichte der Schönheit. München 2004.

Hans-Georg Gadamer: Die Aktualität des Schönen. Kunst als Spiel, Symbol und Fest. Stuttgart 1979.

Reinhold Gestrich: Schönheit Gottes. Anstöße zu einer neuen Wahrnehmung. Berlin 2007.

Walter Grundmann: »kalos«, in: Theologisches Wörterbuch zum Neuen Testament 539–553.

Anselm Grün: Auf der Suche nach dem inneren Gold. Münsterschwarzach 2011.

Anselm Grün: Höre, so wird deine Seele leben. Die spirituelle Kraft der Musik. Münsterschwarzach 2008. [mit CD]

Anselm Grün: Wenn du Gott erfahren willst, öffne deine Sinne. Münsterschwarzach, 5. Auflage 2013.

Romano Guardini: Religiöse Gestalten in Dostojewskis Werk. Mainz 1989.

Romano Guardini: Liturgie und liturgische Bildung. Mainz 1992.

Theodor Haecker: Schönheit. Ein Versuch. Leipzig 1940.

Tomás Halik: Nachtgedanken eines Beichtvaters. Glaube in Zeiten der Ungewissheit. Freiburg/Breisgau 2012.

Peter Handke: Aber ich lebe nur in den Zwischenräumen. Ein Gespräch geführt von Herbert Gamper, Zürich 1987.

Peter Handke: Die Lehre der Sainte-Victoire. Frankfurt/Main 1980.

Hans Höller: Peter Handke. Hamburg 2007.

Eric Kandel: Das Zeitalter der Erkenntnis. Die Erforschung des Unbewussten in Kunst, Geist und Gehirn von der Wiener Moderne bis heute. München 2012.

Ämiliana Löhr: Abend und Morgen ein Tag. Regensburg 1955.

Ulrich Mann: Vom Überschuss des Seins im Schönen, in: Die Schönheit der Dinge. Eranos 1984, Jahrbuch Vol. 53, Frankfurt/Main 1986, 1–48.

Carlo Maria Martini: Welche Schönheit rettet die Welt? Reflexionen über den dreifaltigen Gott. München 2000.

Zenta Maurina: Dostojewski. Menschengestalter und Gottsucher. Memmingen 1952.

Alexander Mitscherlich: Die Unwirtlichkeit unserer Städte. Anstiftung zum Unfrieden. Frankfurt/Main 1965.

Christian Möller: Die Predigt der Steine, in: Lobet Gott, Beiträge zur theologischen Ästhetik, herausgegeben von Jürgen Seim und Lothar Steiger, München 1990, 171–178.

John O'Donohue: Anam Cara. Das Buch der keltischen Weisheit. München 1997.

John O'Donohue: Landschaft der Seele. München 2000.

John O'Donohue: Schönheit. Das Buch vom Reichtum des Lebens. München 2004.

Origenes und Gregor der Große, Das Hohelied, eingeleitet und übersetzt von Karl Suso Frank, Christliche Meister Band 29, Einsiedeln 1987.

Evagrius Ponticus [Evagrios Pontikos]: Briefe aus der Wüste, eingeleitet, übersetzt und kommentiert von Gabriel Bunge, Weisungen der Väter Band 18, Beuron, 2. Auflage 2013.

Evagrius Ponticus: Praktikos. Über das Gebet. Eingeleitet und übersetzt von John Eudes Bamberger, aus dem Englischen von Guido Joos, Schriften zur Kontemplation Band 2, Münsterschwarzach 1986.

Joseph (Benedikt XVI.) Ratzinger: Das Fest des Glaubens. Einsiedeln, 3. Auflage 1993.

Joseph (Benedikt XVI.) Ratzinger: Gesammelte Schriften. 16 Bände. Freiburg/Breisgau, 2011ff.

Dorothee Sölle: Mystik und Widerstand. Hamburg 1997.

Fridolin Stier: Wenn aber Gott ist ... Persönliche Erinnerungen und biblische Reflexionen, herausgegeben von Eleonore Beck und Gabriele Miller, Kevelaer 2006.

Hans Urs von Balthasar: Herrlichkeit. Eine Theologische Ästhetik, Band II. Einsiedeln 1962.

Hans Urs von Balthasar: Herrlichkeit. Eine Theologische Ästhetik, Band III,1. Einsiedeln 1965.

Meinrad Walter (Hrsg.): Ein Hauch der Gottheit ist Musik. Gedanken großer Musiker. Düsseldorf 1999.

Simone Weil: Das Unglück und die Gottesliebe. München 1953.

Matthias Zeindler: Gott und das Schöne. Studien zur Theologie der Schönheit. Göttingen 1993.

Otto Zsok: Musik und Transzendenz. St. Ottilien 1998.